新型职业农民培育教材

新型职业农民综合能力与素质提升读本

姚元福　梁宝锋　刘红立　主编

中国农业科学技术出版社

图书在版编目（CIP）数据

新型职业农民综合能力与素质提升读本 / 姚元福，梁宝锋，刘红立主编. —北京：中国农业科学技术出版社，2015.9

ISBN 978-7-5116-2232-7

Ⅰ.①新… Ⅱ.①姚…②梁…③刘… Ⅲ.①农民教育-职业教育-研究-中国 Ⅳ.①G725

中国版本图书馆 CIP 数据核字（2015）第 188925 号

责任编辑 王更新
责任校对 贾海霞

出 版 者 中国农业科学技术出版社
北京市中关村南大街 12 号 邮编：100081
电 话 (010)82106639(编辑室) (010)82109702(发行部)
(010)82109703(读者服务部)
传 真 (010)82107637
网 址 http://www.castp.cn
经 销 者 各地新华书店
印 刷 者 北京富泰印刷有限责任公司
开 本 850mm×1 168mm 1/32
印 张 7.625
字 数 177 千字
版 次 2015 年 9 月第 1 版 2015 年 10 月第 2 次印刷
定 价 26.00 元

《新型职业农民综合能力与素质提升读本》

编　委　会

主　编：姚元福　梁宝锋　刘红立

副主编：代彦辉　金　龙　徐青蓉　赵　丹

从风标　王秋芬　张文林

编　委：朱先太　熊增先　蔡全珍　汪海平

李凤香　俞彩萍　陈宗萍　闫彦梅

何梅善　李泽杰　王继平

前　言

“人口大国无人种地”，这个论断绝不是危言耸听。为了改变这一现状，中央“一号文件”明确提出要大力培育新型职业农民，以解决未来“谁来种地”的问题。教育部、国家发展改革委等九部门联合印发了《关于加快发展面向农村的职业教育意见》。同年11月，教育部等九部门共同召开加快发展面向农村的职业教育工作会议，推动新型职业农民素质教育的提升。

新型职业农民要具有高度的职业道德感、良好科学文化素养和自我发展能力、较强农业生产经营和社会化服务能力，适应现代农业发展和新农村建设要求。

我国农村居民生活方式由传统落后走向现代文明的根本性转变将是一个相当长的历史时期。建立文明、健康、科学的生活方式，既有赖于生产力发展水平和农民素质的提高，也需要加以正确的调控相引导。在农村，要努力发展科学教育事业，提高农民的科学文化素质，着力优化生活主体。

本书立足职业农民素质发展，全面介绍了现代农业发展、新型职业农民素质培育、保护身体健康提高生活质量、打造现代农业品牌、增强新型职业农民的道德意识与法律意识、提高科技水平，实现农业可持续发展、新型职业农民创业主体培育、培育新型职业农业经营体系、现代农业经营信息利用及管理、新型职业农民扶持政策、新型职业农民综合知识等内容。

本书形式活泼、通俗易懂，并配有大量案例，具有较强的可读性。本书如有疏漏之处，敬请广大读者批评指正。

编者

目　录

上篇　现代农业发展与新型职业农民

中篇　新型职业农民综合素质提升

下篇　新型职业农民综合能力提升

上篇

现代农业发展与新型职业农民

第一章　现代农业发展

第一节　现代农业发展的必要性

一、什么是现代农业

现代农业是以专业化、标准化生产，集约化、规模化经营，社会化服务为主的农业。建设现代农业的过程，其实质就是改造传统农业、不断促进农村生产力发展的过程，通过转变农业增长方式，促进农业快速发展。

建设现代农业就是用现代物质条件装备农业，用现代科学技术改造农业，用现代产业体系提升农业，用现代经营形式推进农业，用现代发展理念引领农业，用新型职业农民经营农业。

传统农业与现代农业相比，差异主要表现在以下几个方面（表1－1）。

表1－1　现代农业与传统农业的比较

项目	传统农业	现代农业	传统农业过渡到现代农业的条件
生产目标	传统农业以产量最大化为生产目标，增产的主要手段就是加大劳动的投入	现代农业以追求利润的最大化为生产目标，以一定的投入获取最大限度的利润	必须将农业生产的目标由满足自给性消费的产量最大化转变为商品性生产的利润最大化，完成这一转变的首要条件是：农业劳动力比重的下降和农业人口压力的缓解

（续表）

项目	传统农业	现代农业	传统农业过渡到现代农业的条件
技术含量	传统农业技术含量低，农业生产所需的劳动力数量较多，国家对农业的投入较少。农业机械的应用和推广往往受到抑制	现代农业是用现代科学技术武装起来的农业，现代农业要素投入增长，农业现代科学技术含量提高，农业部门劳动力容量减少	农业技术进步，现代化工业部门和服务部门能为现代农业提供相应的要素
经营规模	传统农业主要是分散的小户经营	现代农业需实现一定程度的规模经营，这种规模应适度	①现代农业是集约化农业，要求生产要素聚集，一家一户精耕细作的小农生产方式已经无法适应这种需要，必须开展规模经营。②现代农业是标准化农业，农产品的标准化生产、安全追溯体系的建立都要求一定的规模，一家一户成本很高，无法实现。③现代农业还是一个品牌化的农业，农产品是产品质量、商品信誉、当地农耕文化、传统特色等要素的结合体，要求一定的规模

二、发展现代农业的必要性

发达国家现代农业的发展对我国现代农业的发展具有一定的借鉴作用，但我国现代农业的发展又不能完全照搬国外现代农业发展的模式，需要走中国特色的现代农业发展之路。

（一）农业生产与环境保护并重，增强农业的可持续发展能力

现代农业要求实现经济增长与生态文明相得益彰，就是要在推进农业发展的基础上保护好生态环境，这是增强农业可持

续发展能力的基础。土地资源、水资源、气候资源和生物资源等农业自然资源是农业发展的根基，任何资源的利用和开发必须建立在充分、高效和科学的基础之上。提高农业投入品效益，减少对环境的污染。

（二）创新农业生产经营模式，促进农业发展、扩大就业和民生改善

创新农业生产经营模式，坚持以家庭承包经营为基础，以发展多种形式的适度规模经营和培育新型经营主体为重点，创新农业生产经营体制，不断提高农业生产组织化程度，实现农民增收与充分就业的相互统一。

（三）加强农村教育建设，推进农业产业水平提高和城乡协调发展

现代农业使得大量的农村劳动力源源不断地涌入城市，出现了农村“空心村”与城市就业难、城市拥挤和交通堵塞等相对立的矛盾。从表面上看，劳动力需求下降是由农业机械化的使用导致，深层次的原因是由城市高度发展的教育和医疗水平形成的农村劳动者想参与分享教育、医疗服务成果的驱动力的使然。

人的素质的提高、全面自由发展能力的增强以及农村与城市发展的协调性是建设现代农业的基础。只有解决了农村劳动者的受教育、就业和社会保障问题，增强其就业能力、扩大其分享经济发展成果的机会及水平，才有更多高素质劳动力愿意留在农村，这样既可以解决农业发展的劳动力问题，又可以缓解由大量农村劳动力涌入城市带来的一系列难题。

第二节　现代农业的模式

一、生态农业

（一）生态农业的概念

生态农业是20世纪60年代末期作为解决“石油农业”的弊端而出现的，被认为是继“石油农业”之后世界农业发展的一个重要阶段。生态农业主要是通过提高太阳能的固定率和利用率、生物能的转化率、废弃物的再循环利用率等，促进物质在农业生态系统内部的循环利用和多次重复利用，以尽可能少的投入，求得尽可能多的产出，并获得生产发展、能源再利用、生态环境保护、经济效益等相统一的综合性效果，使农业生产处于良性循环中。生态农业不同于一般农业，它不仅避免了“石油农业”的弊端，并且发挥出了显著的优越性。通过适量施用化肥和低毒高效农药等，生态农业突破了传统农业的局限性，但又保持其精耕细作、施用有机肥、间作套种等优良传统。生态农业既是有机农业与无机农业相结合的综合体，又是庞大的综合系统工程和高效的、复杂的人工生态系统以及先进的农业生产体系。

综上所述，我国的生态农业是指在保护、改善农业生态环境的思想指导下，按照农业生态系统内物种共生、物质循环、能量多层次利用等生态学原理和经济学原理，因地制宜，运用系统工程方法和现代科学技术，运用现代科学技术成果和现代管理手段，以及传统农业的有效经验建立起来的，集约化经营的农业发展模式。充分发挥地区资源优势，依据经济发展水平及“整体、协调、循环、再生”原则，运用系统工程方法，全面规划、合理组织农业生产，实现农业高产优质高效持续发展，达到生态和经济两个系统的良性循环，使农业的经济效益、生态效益、社会效益协调统一的现代化农业。

（二）生态农业的发展趋势

1. 生态农业产业化

21 世纪全球经济生态化、知识化的趋势，决定了生态产业是产业革命的必然结果。同样，21 世纪的现代化发展方向也必然将农业现代化纳入生态发展的轨道。由于当前我国农业出现的社会效益与自身经济效益的矛盾、分散农户与大市场的矛盾以及受市场和自然资源双重约束的几大矛盾并没有完全解决，农业生产从数量向品种、质量转化，产值贡献弱化，市场贡献以及农业环境贡献逐渐增大的现实，决定了发展生态农业，特别是生态农业产业化的必要性。

2. 生态农产品质量标准化，生态农业生产规范化

国内农产品质量标准制订的滞后，直接影响了我国农产品质量的提高，降低了我国农产品在国际市场中的竞争力，因此，应加快农产品质量标准的制订。在进一步完善农业生态环境监测网的基础上，重点加强农产品质量安全检测机构建设，形成功能齐全的省、市、县梯级农产品质量检测体系。通过全国农产品监测网络，对农产品质量实施统一的监测监控，对农产品的生产过程进行全程监控，使质量管理关口前移，提高农产品的质量与安全性，保证向市场提供无公害、绿色或有机食品，提高产品的品牌价值和信誉度，建设完善的市场与流通体系，维护生产者和消费者的利益。

3. 科技对生态农业发展的促进作用将得到强化

农业高科技日益成为发达国家农业持续发展和产业升级换代的支撑，利用现代生物技术培育新品种，进行生物病虫害防治，提高农产品产量和品质，降低生产成本，已经渗透到农业的常规技术领域。而我国在生态农业产业化方面还缺乏相应的原创性研究和应用，与发达国家相比差距较大。所以，我们要加大农业科技投入，鼓励科技创新，加快科技发展，提高产品的技术含量和科技附加值，解决我国农产品技术含量较低的致命弱势。

（三）中国生态农业的技术措施

生态农业是从生物与环境两个方面来研究农业的生产过程，所以，生态农业的技术措施也应该包括这两个方面的内容。

1. 水土流失和土地沙化综合治理技术

防止水土流失最主要的措施就是增加植被，严禁毁林开荒，实行造林种草，封山育林，在农业生产中采用等高种植法以及横坡带状间作等方法。

2. 防止土壤污染技术

控制和消除外排污染源，严格控制污染物进入土壤；研制生产高效、低毒、低残留的新型农药，代替剧毒高残留农药；利用生物防治技术，实现以虫治虫，以菌治虫；利用微生物的转化、降解作用，减少污染物的残留。

3. 水体富营养化的防治技术

水体富营养化是指在人类活动影响下，水体中的氮、磷等营养物质含量增高，使水中的藻类等生物大量繁殖而对水体产生危害。控制方法包括：控制外源性营养物质输入，减少水体营养物质富集的可能性；减少内源性营养物质积聚，挖掘底泥沉积物，进行水体深层暴气；用化学药剂杀藻；利用水生生物(如凤眼莲、芦苇、丽藻等）吸收利用氮、磷元素，以除去这些营养物质。

4. 生物共生互惠及立体布局技术

共生互惠和立体布局包括植物与植物、植物与动物、动物与动物等的相互组配和合理布局，如稻田养鱼，蔗田种蘑菇，鲢、鳙鱼、草鱼、鲫鱼和河蚌混养等。

5. 农业环境和农业生产自净技术

自净技术即是在生产系统内，将上一级生产产出的废弃物，变为下一级生产的有效投入，从而避免污染物的外排而影响环境洁净的技术。如人畜粪尿还田，田边和村边种植防护林带，鸡（粪）——猪（粪）——鱼（塘泥）——作物（农副产品）——鸡、猪食物链技术等。

6. 有害生物的综合治理技术

综合治理技术包括病虫害、杂草的生物防治技术，采用作物的间套轮作、不同耕作等方法，以及利用各种物理、机械方法防治病虫草害等。

7. 农村能源的开发和利用

(1) 充分利用太阳能。建太阳能温室、塑料大棚、地膜覆盖、太阳能干燥器、太阳能取暖器、太阳能蓄水池等设施。大力营造薪炭林，解决农村能源短缺的问题。

(2) 积极发展沼气。

(3) 利用风能、水能以及其他能源。

（四）中国生态农业建设的模式

生态农业模式是整个生态农业借以组装和运行的蓝图，是各组成要素在整个系统网络中的地位和相互循环关系的具体表达。我国的生态农业模式类型多种多样，由于农业系统及其组成要素的多样性和复杂性，目前，尚无统一的分类体系，结合当前的生产实践和研究成果大致可分为以下几种类型。

1. 立体利用型

根据具体条件，采用各种垂直布局。随着生态农业发展，它的内容越来越丰富，形式越来越多样。大范围的立体利用是山水田林路，按照地形、地貌，以及小气候、土质、农田、村舍、道路、沟渠的特点，进行立体布置，把上方的山、坡和下方的农田作为一个生态系统整体来建设，被称为立体农业。小范围的立体利用，则是在一块农田或一片林果地的立体布置。地处山区的山西绛县，按海拔高低层次，进行立体布局。在千米高海拔的山崖陡坡种植油松等用材林，称大“松柏盖顶”：在海拔稍低的缓坡地带，种植山楂、核桃、花椒等经济林，称为“花果缠腰”；而山脚、复垦地栽种苹果、烟草，称为“药果烟盘底”。至于农田的立体利用，可采取高矮作物间作，耐阴与喜阳作物间作，乃至在高秆或高架作物之下养殖鹅、鸭，培植食用菌等，既能分层分期（有时利用两种作物彼此错开需要充足阳光的阶段）利用阳光，又各得其所，地尽其利。近年许多农场和农户在葡萄园地面养鹅吃草，或甘蔗地行间养鸭，或在葡萄园开深沟，既排水又在沟内养殖，形成高度集约利用土地、水面等资源的立体生产，都取得了很好的经济效益和生态效益。

2. 沼气利用型

沼气利用型是以农业生产为基础的家庭经济发展类型，它以沼气为纽带，利用食物链加循环技术将种植业、养殖业及加工业联系在一起，通过增加畜禽饲养和沼气池厌氧发酵，将传统的单一种植和高效饲料以及废弃物综合利用有机地结合起来，在农业系统内做到能量多级利用、物质良性循环。如南方的“猪——沼——果”模式。

3. 食物链型

食物链型主要涉及食物链关系的初级生产者、次级生产者和分解者之间的搭配。这类模式在我国生态农业建设实践中得到最广泛的运用。根据食物链的结构可分为：

（1）食物链延伸模式

如利用作物秸秆作饲料养猪，猪粪养蛆，蛆喂鸡，鸡粪施于作物。在这种循环中，废弃物被合理利用，可减少环境污染，从而建立取食、寄生、捕食、防污的食物链模式，还可以利用食物链进行有害生物综合防治，减少农药的使用量以保证农作物的优质、安全，如赤眼蜂食玉米螟模式、七星瓢虫捕食棉蚜虫模式、森林灰喜鹊食松毛虫模式等。

（2）食物链阻断模式

该模式即在污染出现时，为阻断污染物的食物链浓缩，需打断食物链联系。如在农田生产中可采用种植花齐、用材林、草坪等非食物生产模式，在水体可采用养殖观赏鱼类的生产模式。这是一种按照农业生态系统的能量流动和物质循环规律而设计的良性循环的农业生态系统。

4. 生物互利共生型

该类型利用生物群落内各层生物的不同生态特性及互利共生关系，分层利用空间，提高生态系统光能利用率和土地生产力，增加物质生产。这是一个在空间上多层次，在时间上多序列的产业结构类型，使处于不同生态位的各生物类群在系统中各得其所、相得益彰、互惠互利，充分利用太阳能、水分和矿物质营养元素，实现对农业生态系统空间资源和土地资源的充分利用，从而提高资源的利用和生物产品的产出，获得较高的经济效益和生态效益。生物互利共生型以先进适用的农业技术为基础，以保护和改善农业生态环境为核心，强化农田基本建设，提高单产。该类型主要包括农林牧副渔复合型、农作物复合种植型、其他复合型开种类型。

5. 产业链延长增值型

该类型是以经济效益为中心，以农业可持续发展为目标，将农业生产中的主产品或副产品加工增值，从而增加农业产值，并努力实现生产的产业化，促进产、加、销、贸一体化的农业生产模式，如青贮玉米——饲料模式、玉米——猪——肉罐头模式等。

6. 环境治理型

该类型采用生物措施和工程措施相结合方法，综合治理水土流失、草原退化、沙漠化、盐碱化等生态环境恶化区域，通过植树造林、改良土壤、兴修水利、农田基本建设等，并配合模拟自然群落的方式，实行乔木、灌木、草结合，建立多层次、多年生、多品种的复合群落生物措施，是生物措施与工程技术的综合运用模式。它包括以下四种模式：

（1）丘陵山区小流域综合治理模式。该模式在水土流失较为严重的地区以植树造林为主要途径，发展林果、养殖等产业，实行小流域的综合治理，改善生态环境，逐步创造良好的农业发展环境。主要采取退耕还林、还草、封山绿化的综合措施，加强对天然林的保护，集雨灌概，涵养水源，防水固土，保持土壤肥力，在陡坡地栽种用材林，在缓坡地栽种经济林，在平地搞养殖、经济作物种植及农产品加工，在农牧结合区采用以沼气工程为纽带的生态农业模式，以农带牧，以沼促粮、草、果种植业，形成生态系统和产业链合理循环。

（2）盐碱地治理模式。该模式采用打浅井、开深沟、建造人工防护林，引进抗盐碱的豆科牧草发展畜牧业，种植青绿肥增加有机质等。

（3）草地恢复与生态牧业模式。该模式根据草场类型和产草量，确定不同牲畜的种群结构和载畜量，分地区分季节安排牧业生产；退耕还草还牧，提高草地的产草量；缩短育肥周期，养活载畜量和放牧强度；引导牧民从事畜产品加工业等行业。

（4）保护性耕作模式。该模式在保证种子能发芽的基础上尽可能减少土壤耕作，并用作物秸秆、残茬覆盖地表，用化学药物来控制杂草和病虫害，从而减少土壤风蚀、水蚀，提高土壤肥力和抗旱能力。保护性耕作模式是干旱少雨、风蚀严重地区应对恶劣环境的重要模式。

7. 资源开发利用型

该类型主要分布在山区及沿海滩涂和平原水网地区的荡滩，这些地区农业发展潜力较大，有大量自然资源未得到充分开发或很好的利用。通过因地制宜、全面规划、综合开发，利用改造荒山、荒坡、荒滩、荒水，实行资源开发与环境治理相结合，治山与治穷相结合，可全面促进环境建设、生产建设和经济建设。该模式适用于农业发展潜力大、生态环境好、资源丰富但未得到充分开发或利用的地区。

8. 观光旅游型

该类型是运用生态学、生态经济学原理，将生态农业建设和旅游观光结合在一起的良性模式。在效能发达的城市郊区或旅游区附近，以当地山水资源和自然景色为依托，以农业作为旅游的主题，根据自身特点，将旅游观光、休闲娱乐、科研和生产结合为一体的农业生产体系。根据农业观光园的应用特点将其分为观光农园、农业公园、教育农园3类。

（1）观光农园型。以生产农作物、园艺作物、花卉、茶等为主营项目，让游人参与生产、管理及收获等活动，还可让游客欣赏、品尝、购买园区的作物。它又可细分为观光果园、观光菜园、观光花园（圃）、观光茶园等，如北京朝来农艺园、河南世锦花木公司等。

（2）农业公园型。把农业生产、农产品销售、旅游、休闲娱乐和园林结合起来的园区称为农业公园。这类农园应注重在休闲、旅、度假、食宿、购物（农产品）、会议、娱乐设施等方面的完善，注重对人文资源和历史资源的开发，是一种综合性的农业观光园。如湖北宜昌的旅游型景观农业区、四川的九寨沟、浙江义乌的农业现代化示范区、河南省淮阳市的中原绿色庄园等。

（3）教育农园型。该类型既兼顾农业生产、农业科普教育，又兼顾园林旅游，故称为教育农园。其园内的植物类别、先进性、代表性形态特征和造型特点等不仅能给游园者以科普知识教育，而且能展示科学技术就是生产力的实景；既能获得一定的经济效益，又能陶冶人们的性情，丰富人们的业余文化生活，从而达到娱乐身心的目的。如深圳的世界农业博览园、上海孙桥的现代农业开发区、河南省郑州市陈寨村的特色植物展示园等。

二、观光休闲农业

（一）观光休闲农业的概念

观光休闲农业是利用农村景观、农业活动、农村民俗文化，通过规划和开发，为人们提供兼有观光、休闲、娱乐、教育、生产等多种功能的农业旅游活动，是一种生态旅游新类型。观光休闲农业的发展，将农业观光、农事体验、生态休闲、自然景观、农耕文化等有机结合起来，既满足了城市居民崇尚自然、回归自然、享受自然的需要，又促进了乡村旅游业的崛起。

由于我国的休闲观光农业起步较晚，目前还存在以下不足：一是缺乏科学规划，现有的观光休闲农业基本上处于乡村和工商业主自发状态，缺少整体规划和科学认证，模式单一、风格雷同，缺少各自的独特创意；二是品位档次不高，经营规模偏小，项目内容单调，赋予特色的为数不多，影响了经济效益的提高；三是管理服务不够规范，管理人员绝大多数是原来的生产、加工、营销的人员，服务人员基本上向社会招收，缺乏管理经验，整体素质较低；四是政策扶持力度不大，要素“瓶颈”制约了观光休闲农业的发展。

（二）我国观光休闲农业的发展思路

1. 因地制宜，科学规划

发展休闲观光农业要从长计议、系统筹划，科学制订发展规划。由于各地环境不同，地理因素各异，产业特色有别。因此，在编制规划时，要按照“因地制宜、突出特色、合理布局、和谐发展”和“合理开发、永续利用、保护耕地”的要求，注重区域定位、功能定位、形态定位，避免雷同和重复建设，克服盲目追求高档，贪大求洋甚至“毁农造景”的现象。做到有序发展、相对集中、规模开发。休闲观光农业规划要与土地利用总体规划、农业发展规划、城市旅游规划、新农村建设规划相互衔接，确保规划的整体性、前瞻性和延续性。充分利用田园景观、村居民舍、乡土风情、农耕民族文化等资源，将农业生产、生活、生态协调融合，使特色农业得到展示，旅游项目得到发挥，环境保护得到加强，实现人与自然的和谐发展。

2. 注重特色，农旅结合

发展休闲观光农业必须要坚持以农业为基础，农民为主体，农村为特色，把农业产业发展、增加农民收入放在首位。项目建设要突出农味，吃农家饭、住农家屋，干农家活、享农家乐，拓展设施栽培、生态养殖、立体种养、种养加一体化等高效生态农业模式的功能，达到游客求变、求异、求新、求特、求美的消费心理。休闲观光农业既是“三农”的延伸，又是旅游业空间的拓展。在强调以农为本的同时，也要重视兴旅，灵活运用“农中有旅，以旅强农，农旅结合，强农兴旅”，突出休闲性，增强参与性，体现娱乐性，满足不同消费人群，使游客真实体验到地道的农家之乐。

3. 加强管理，规范发展

发展休闲观光农业，服务是核心，安全是保证，必须规范内部管理，提高服务质量，确保游客的身体健康、生命安全。要制定行业管理标准和服务管理办法，做到有标可查、有章可循，构建完善的质量安全管理体系。结合农村劳动素质培训，对从业人员加强农艺知识、菜肴烹饪、食品卫生、安全生产、诚信意识、森林防火等方面的培训，提高其综合素质和服务水准。积极培育和组建休闲观光农业的行业协会、专业合作社等中介服务组织，增强行业自我服务、自我管理、自我约束从而达到自我发展的目标。业务主管部门要经常性地进行检查和指导，实行有效的监督管理，及时化解风险，帮助解决困难，打造一批特色突出、经营规范、服务周到、安全卫生，深受游客欢迎的休闲观光农业项目。

4. 优化环境，联动协作

休闲观光农业是时代发展和社会进步的产物，也是一项系统性极强的工程，需要各级各部门的协调配合、联动协作。财政部门要安排专项资金，列入年度预算，重点扶持特色明显、运行规范、前景广阔的休闲观光农业项目，同时要鼓励引导工商资本、民营资本等外来资本投资开发，建立起“政府扶持、业主为主、社会参与”的投入机制。金融部门要优化信贷结构，把休闲观光农业建设纳入支农重点，适当放宽担保抵押条件，简化审批手续，并给予贷款利率和时间上的优惠。农业部门积极创新土地流转机制，按照“自愿、依法、有偿”的原则，采取转让、出租、互换、入股等形式，推进土地规模经营。国土部门要鼓励开发废弃园地、林地、荒山等，盘活存量土地、对休闲观光农业管理配套设施用地实行用地倾斜，其他有关部门都要按照各自的职能，为休闲观光农业的发展提供强有力的保障。

5. 加强领导，强化宣传

发展休闲观光农业是落实科学发展观、走创业创新之路的有效举措，是发展现代农业、建设社会主义新农村的客观要求，也是促进农业增效、农民增收、农村发展的有效途径。各级各部门一定要统一思想，达成共识，创新思路，精心组织，狠抓落实，进一步加强对休闲观光农业的领导。同时，要加大宣传力度，扩大影响，提高知名度。通过各种新闻媒体及时报道先进典型，发挥舆论的导向作用，营造休闲观光农业发展氛围。通过举办或参与各种节庆、节会等活动，搭建平台、设立窗口，展示休闲观光农业风采，扩大市场有率。通过项目策划包装，打造精品亮点，实施品牌战略，推进休闲观光农业有序、快速、持续、健康发展。

（三）我国观光休闲农业的具体发展方向

1. 依托田园和生态景观

乡村田园生态景观是现代城市居民对闲暇生活的向往和旅游消费时尚，也是观光休闲农业赖以发展的基础。因此，在选址上，首先要考虑以周边优美的农村生态景观为依托，并与所规划的观光休闲农业项目特色相匹配；在规划上，要以农业田园景观和农村文化景观为铺垫，选择园林、花卉、蔬菜、水果等特色作物，高新农业技术，特色农村文化，作为规划的基本元素；在建设上，既要对农村环境的落后面貌进行必要的改造，同时要注意保护农村生态的原真性。

2. 重视休憩和体验设计

观光休闲农业的客源，在节假日主要是近距离城市休憩放松的上班族，上班时间主要为退休人员，也有业务洽谈和会议选在生态景观和设施条件较好的观光休闲农业景点进行。去观光休闲农业消遣，已经成为不少城市居民的一种生活方式。因此，策划成功的关键之一是如何处理好“静”和“动”，即养生休闲和运动休闲的关系。休憩节点的设计要“静”，所谓“静”就是田园的恬静和农家的祥和，就是要为人们提供恬静休闲的空间和场所。“动”主要是娱乐游戏或农事体验，要做到“动”的项目寓于“静”的景观之中。这样，既能满足城镇居民渴望回归自然、放松身心的休闲需求，又能满足城镇居民科学文化认知的需要，还能延长游憩时间，增加二次消费。

3. 挖掘民俗和农耕文化资源

要保持观光休闲农业项目长期繁荣兴盛，就应该在丰富观光休闲农业的文化内涵上下工夫。深入挖掘农村民俗文化和农耕文化资源，提升观光休闲农业的文化品位，实现自然生态和人文生态的有机结合。如传统农居、家具，传统作坊、器具，民间演艺、游戏活动，民间楹联、牌匾，民间歌赋、传说，名人故居、胜地古迹，农家土菜、饮品，农耕谚语、农具等，都是观光休闲农业景观规划、项目策划和单体设计中可以开发利用的重要民间文化和农耕文化资源。

4. 突出特色和主题策划

特色是观光休闲农业产品的核心竞争力，主题是观光休闲农业产品的核心吸引力。要认真摸清可开发的资源情况，分析周边观光休闲农业项目特点，巧用不同的农业生产与农村文化资源营造特色。农村资源具有的地域性、季节性、景观性、生态性、知识性、文化性、传统性等特点，都是营造特色时可利用的特性。根据资源特性和项目定位，进行主题策划。

三、设施农业

设施农业就是运用现代工业技术成果和方法、用工程建设的手段为农产品生产提供可以人为控制和调节的环境和条件，使植物和动物处于最佳的生长状态，使光、热、土地等资源得到最充分的利用，形成农产品的工业化生产和周年生产，从而更加有效地保证农产品的供应，提高农产品质量、生产规模和经济效益，促进农业现代化。

设施农业主要内容是与集约化种植、养殖业相关的园艺设施和畜禽舍的环境创造、环境控制技术及与其配套的各种技术和装备。因此，设施农业又被称为工厂化农业。

（一）设施农业的概念

设施农业是在不适宜生物生长发育的环境条件下，通过建立结构设施，在充分利用自然环境条件的基础上，人为地创造生物生长发育的生长环境条件，实现高产、高效的现代农业生产方式，包括设施种植和设施养殖。通常所说的设施农业是设施种植，即植物的设施栽培，是指在采用各种材料建成的，具有对温、光、水、肥、气等环境因素控制的空间里，进行植物栽培的农业生产方法。

设施农业作为农业生态系统的一个子系统，既具有农业生态系统的一般特征，也具有与一般生态系统明显不同的自身特点：一是人的干预和控制性强，包括对种群结构、环境结构、产品形态和流通、采收与上市等都由人的干预和控制；二是物资和资金投入大，设施农业是集约化程度非常高的现代农业生产方式，自然要求有大量物质能量的投入；三是具有生态、经济的双重性，属于典型的生态经济系统；四是地域差异性显著。

从长远看设施农业，一是提高了农产品品质要求。农业由数量型向质量型提高，解决大宗产品结构性剩余矛盾，加快农业产业升级换代依靠设施农业已成必然措施之一。二是发展现代农业要求，发展高效农业对农业生产管理提出更高要求，农业生产各个环节都要采用现代化手段，实施科学管理，规模集约经营，提高农业设施化、标准化是现代农业重要内涵。三是出口市场需要。设施农业是废除技术壁垒，绿色壁垒重要技术手段。四是保护环境，持续发展的需要。

（二）我国设施农业的研究重点及发展趋势

1. 在我国设施农业中应用的现代工业技术

（1）机械技术育苗播种机械、耕作收获机械、灌溉施肥植保机械、传感执行机械、加温通风设备、预冷储藏设备、包装分级机械、运输机械、基质消毒设备等。

（2）工程技术建筑结构工程、材料工程（包括温室骨架材料、覆盖材料、工程塑料）和节水、节能工程等。

（3）计算机与自动控制技术光、温、水、肥、气等因子的自动监控，作业机械的自动化控制等。

（4）信息技术以产品、市场、技术和市场等为主要内容的网络化管理、模式化运行、远程服务等。

（5）生物技术生物制剂、生物农药、生物肥料等专用生产资料的制备与生产。

2. 我国设施农业研究的重点方向

（1）适宜于不同地区、不同生态类型的新型系列温室及相关设施的研究开发，提高我国自主创新能力和设施环境的自动化控制技术水平。

（2）设施配套技术与装备的研究开发，包括温室用新材料、小型农机具和温室传动机构、自动控制系统等关键配套产品，提高机械化作业水平和劳动生产率。

（3）温室资源高效利用技术研究开发，如节水节肥技术、增温降温节能技术、补光技术、隔热保温技术等，降低消耗，提高资源利用率。

（4）采后加工处理技术研究开发，包括采后清洗、分级、预冷、加工、包装、储藏、运输等过程的工艺技术及配套设施、装备等，提高产品附加值和国际市场竞争力。

(5) 设施栽培高产优质并具有自主知识产权的创新品种选育研究，改变我国设施园艺主栽品种长期依赖国外进口的局面。

(6) 设施农业高产优质栽培技术和不同品种、不同生态类型模式化栽培技术研究以及生产安全技术研究，如绿色产品生产技术、环境控制与污染治理技术、土壤和水资源保护技术等。

(7) 温室设施与设施农业产品生产标准化研究，包括温室及配套设施性能、结构、设计、安装、建设、使用标准；设施栽培工艺与生产技术规程标准；产品质量与监测技术标准等。

3. 我国设施农业发展趋势

(1) 大型园艺设施的比重明显加大，其原因主要是随着设施园艺的迅速发展，设施蔬菜等超时令、反季节园艺产品的季节差价明显缩小，小型设施的单位面积产出率低、比较效益下滑，收益显著低于大型设施，加上作业不便，劳作强度大，逐步富裕起来的农民也需要改善劳动条件。

(2) 节能日光温室发展迅猛，加温温室发展缓慢，普通日光温室面积的比重由70%下降到34%；节能日光温室则从无到有，在温室面积中的比重猛增至61%。

(3) 以遮阳网覆盖栽培为主的夏季设施园艺快速发展，20世纪80年代后期，国产耐候塑料遮阳网试制成功，首先在蔬菜生产上进行应用研究和示范推广，迅速在花卉和茶叶生产上推广应用。

(4) 现代化连栋温室发展加速，20世纪70年代末至80年代初，我国从日本、欧美引进的现代化连栋温室，由于使用效果普遍不佳，引进和发展现代化连栋温室逐渐减少。进入21世纪以后，特别是2003年以来，随着创办农业科技示范园区的工作得到各级领导的高度重视，各地发展现代化连栋温室急剧增加，相继大量引进发达国家的现代化连栋温室，同时也带动了国产现代化连栋温室制造业的发展。

（5）优质高产栽培和无公害生产技术体系开发取得可喜进展，早在20世纪80年代初，我国山西太原曾创造出塑料大棚番茄持续高产的经验，随后河北、山东等地也涌现了一批日光温室蔬菜高产典型。从设施大棚中生产出的无公害、绿色、有机农产品的比例也在逐步增加。

（三）设施农业的类型

目前我国设施农业的种类很多，形式各异，一般分为塑料大棚、小拱棚（遮阳棚）、日光温室、玻璃/PC板连栋温室（塑料连栋温室）、植物工厂等。

1. 小拱棚

小拱棚（遮阳棚）的特点是制作工艺简单，投资少，作业方便，管理非常省事。其缺点是不宜使用各种装备设施，并且劳动强度大，抗灾能力差，增产效果不显著。主要用于种植蔬菜、瓜果和食用菌等。

2. 塑料大棚

塑料大棚是我国北方地区传统的温室，农户易于接受，塑料大棚以其内部结构用料不同，分为竹木结构、全竹结构、钢竹混合结构、钢管（焊接）结构、钢管装配结构以及水泥结构等。总体来说，塑料大棚造价比日光温室要低，安装拆卸简便，通风透光效果好，使用年限较长，主要用于果蔬瓜类的栽培和种植。其缺点是棚内立柱过多，不宜进行机械化操作，防灾能力弱，一般不用于越冬生产。

3. 日光温室

日光温室有采光性和保温性能好、取材方便、造价适中、节能效果明显，适合小型机械作业的优点。天津市推广新型节能日光温室，其采光、保温及蓄热性能很好，便于机械作业，其缺点在于环境的调控能力和抗御自然灾害的能力较差，主要种植蔬菜、瓜果及花等。青海省使用得比较普遍的多为日光节能温室，辽宁省也将发展日光温室作为该省设施农业的重要类型，甘肃、新疆、山西和山东日光温室分布比较广泛。

4. 连栋温室

有玻璃/PC 板连栋温室和塑料连栋温室两类。

玻璃/PC 板连栋温室，该温室具有自动化、智能化、机械化程度高的特点，温室内部具备保温、光照、通风和喷灌设施，可进行立体种植，属于现代化大型温室。其优点在于采光时间长，抗风和抗逆能力强，主要制约因素是建造成本过高。福建、浙江、上海等地的玻璃/PC 板连栋温室在防抗台风等自然灾害方面具有很好的示范作用。

塑料连栋温室以钢架结构为主，主要用于种植蔬菜、瓜果和普通花卉等。其优点是使用寿命长，稳定性好，具有防雨、抗风等功能，自动化程度高；其缺点与玻璃/PC 板连栋温室相似，一次性投资大，对技术和管理水平要求高。一般作为玻璃/PC 板连栋温室的替代品，更多用于现代设施农业的示范和推广。

5. 植物工厂

植物工厂是继温室栽培之后发展的一种高度专业化、现代化的设施农业。它与温室生产的不同点在于完全摆脱大田生产条件下自然条件和气候的制约，应用现代化先进技术设备，完全由人工控制环境条件，全年均衡供应农产品。目前，高效益的植物工厂在某些发达国家发展迅速，已经实现了工厂化生产蔬菜、食用菌和名贵花木等。美国正在研究利用“植物工厂”种植小麦、水稻以及进行植物组织培养和脱毒、快繁。据报道，日本已有企业投资兴建了面积为1 500平方米的植物工厂，并安装有农用机器人，从播种、培育到收获实现了电气化。由于这种植物工厂的作物生长环境不受外界气候等条件影响，蔬菜种苗移栽2周后，即可收获，全年收获产品20茬以上，蔬菜一般平均年产量是露地栽培的数十倍，是温室栽培的10倍以上。荷兰、美国采用工厂化生产蘑菇，每年可栽培6.5个周期，每周期只需20天，平均每平方米产蘑菇25.27千克。目前，世界上约有28个植物工厂。

四、标准化农业

（一）标准化农业的概念

标准化农业是以农业为对象的标准化活动，即运用“统一、简化、协调、选优”原则，通过制定和实施标准，把农业产前、产中、产后各个环节纳入标准生产和标准管理的轨道。农业标准化是农业现代化建设的一项重要内容，它通过把先进的科学技术和成熟的经验组装成农业标准，推广应用到农业生产和经营活动中，把科技成果转化为现实的生产力，从而取得经济、社会和生态的最佳效益，达到高产、优质、高效的目的。农业标准化的内容十分广泛，主要有以下7项：农业基础标准、种子种苗标准、产品标准、方法标准、环境保护标准、卫生标准、农业工程和工程构件标准、管理标准等。

（二）标准化农业特征

我国于2001年启动“无公害食品行动计划”，2002年全国各地高度重视农业标准化体系建设，并加以推广实施，这标志着我国农业标准化生产迈上了一个新的台阶。

1. 以标准需求为动因

要为人类提供标准农产品，无疑必须发展标准农业，以满足人们对标准农产品的需求。一是健康需求，即人们对农产品的标准需求应满足人们的健康需要，农产品各种物质的含量应与人们的健康需要相一致。二是多维需求，即人们对农产品的标准需求应满足人们的多维需求，也即不仅仅局限于营养和品尝需求，而且还包括卫生和审美需求。三是水平需求，即人们对农产品的标准需求总是随着人们生活水平的提高特别是生活质量水平的提高而提高。

2. 以标准产品为目标

标准农产品一般应具备如下 4 种统一标准：一是营养标准。人类要健康，这些营养素的数量必须能满足人体的要求，每一农产品都包含若干种营养素，标准农产品所包含的各种营养素含量都必须达到统一的标准。二是品尝标准。即标准农业生产的农产品必须满足人们的品尝需要，符合人们的口感需求。三是卫生标准。即标准农业生产的农产品必须能满足人们健康需要，符合人们的健康要求，特别是有害物质含量绝对不能超标。四是审美标准。即标准农业生产的农产品还必须能满足人们的审美需要，符合人们的审美要求，产品外观要有美感，且同种产品外观要一致。

3. 以标准理念为指导

要发展标准农业，生产标准产品，必须树立农业标准化理念，以标准文化为向导，形成标准的思维方式，培育标准的行为方式，追求标准的农业事业。确切地讲，标准农业文化指的是在标准农业的产生、形成和发展的过程中，通过农业标准的制定、农业生产质量环境的营造、农业标准技术的研制、农业质量标准的监测、农业标准生产的管理而形成的一种产业文化。标准思维方式指的是从农业标准化的角度去思考问题、认识问题、判断问题、审定问题。标准行为方式指的是在农业生产的过程中，自始至终、各个环节都围绕农业标准来进行。标准农业事业则是指通过农业标准的制定、农业生产质量环境的营造、农业标准技术的研制、农业质量标准的监测、农业标准生产的管理，生产标准农产品的过程。

4. 以标准文件为依据

标准文件包括如下 4 种：一是农产品质量标准。应包含农产品的营养、品尝、卫生和审美标准等内容。二是农业生产技术过程规程标准。应包含产地选择、备耕、规格、栽植、施肥、灌水、防治病虫害、收获等标准内容。三是农业投入品质量标准。应包括农业投入品的品种、规格、主要要素含量、有害物质残留量、用途和使用方法等标准内容。四是农业生产环境质量标准。应包含土壤肥力水平、水质、有毒物质限量、农田基本建设水平、空气、周围环境等标准内容。

5. 以标准环境为条件

环境标准应包括如下 3 个方面的内容：一是生态环境。产地周围的环境应达到良性循环的要求，不但植被状态好、水土保持好，而且植被之间、植被与水土之间、周围植被与产地之间形成互促互补的生物链。二是安全环境。即产地及其周围环境的有害物质，特别是土壤、水和空气中的有害物质含量应低于限量水平，不影响人体健康，符合生活水平日益提高的人们对安全质量的要求。三是地力环境。即产地土壤肥力水平达到高产稳产地力水平，也即产地土壤的有机质、氮、磷、钾及其他微量元素含量丰富，比例协调，能满足高产优质作物生长发育的基本要求。

6. 以标准技术为手段

标准技术包含 3 个方面：一是农业生产环境质量控制技术。这一技术应以农业生产环境质量标准为依据，围绕标准农产品对农业生产环境的生态、安全、地力要求，通过植被营造、水土保持等生态措施，通过开挖环山沟、排除有害物质等安全措施，和广辟肥源、用地养地等养地措施，使农业生产环境质量达到生产标准农产品的要求。二是农业投入品质量控制技术。农业投入品包括肥料、农药、激素、农膜等。这一技术也应以农业投入品质量标准为依据，环绕标准农产品对农业投入品的要求，通过对农业投入品生产原料的选择、把关，通过对农业投入品生产技术的运作和方法的操作，使农业投入品质量达到生产标准农产品的要求。三是农业生产过程质量控制技术。这一技术同样应以农业生产过程规程质量标准为依据，围绕标准农产品对农业生产过程规程的要求，通过园地选择、规划、备耕、种植规格、栽植、施肥、灌水、防治病虫害、盖膜、收获等技术的标准使用，使农业生产过程质量达到生产标准农产品的要求。

7. 以标准监测为约束

标准监测包含 3 个方面的内容：一是农业生产环境质量监测，即监测农业生产环境之生态因素、安全因素和地力因素是否达到标准文件所要求、规定的质量水平。二是农业投入品质量监测，即监测肥料、农药、激素和农膜等农业投入品之主要理化指标是否达到标准文件的要求、规定的质量水平。三是农产品质量监测。即监测农产品之营养、品尝、卫生和审美要素是否达到标准文件所要求、所规定的标准水平。

8. 以标准管理为保障

标准管理包含如下内容：一是产地认定和产品认证体系。即国家必须建立权威的安全优质农产品的产地认定和产品认证机构。二是市场准入机制体系。即根据农产品分布和密集情况，设置相应的农产品安全质量监督机构，对农产品进行安全检查，符合安全质量要求的发给市场准入证，允许进入市场，进入消费，否则予以拒绝，以维护消费者权益。三是品牌安全优质农产品评审体系。即建立国家授权、认可的品牌安全优质农产品评审机构，建立系统、规范、有序、理性的品牌安全优质农产品评审机制，定期对农产品进行评审，对荣获品牌安全优质农产品称号的，授予荣誉证书，以促进安全优质农产品向品牌的方向发展，提高品牌安全优质农产品的知名度和市场竞争力。四是对假冒伪劣农产品打击、制裁体系。即加强执法队伍的建设，以标准文件为依据，以安全优质农产品认证证书及其使用标志为凭证，以农业标准有关法律、法规为手段，开展对假、冒、伪、劣农产品的责任人的打击、制裁，以维护安全优质农产品的正常生产和市场营销。五是法律、法规体系。即以宪法为指导，根据我国的实际，制定一部关于农业标准化或标准农业的法律或法规，使农业标准化工作、标准农业生产纳人法律的轨道，并能够在法律的约束下有序、理性、规范、健康地向前发展。六是组织机构体系。即从中央到地方，建立、健全农业标准化工作机构，设置专门岗位，配备专门人员，装备专门设备，编制农业标准化工作专门路线图，使用农业标准化专门资料，执行农业标准化工作专门操作程序，以标准的组织机构，通过标准的工作，确保农业标准化工作有序、理性、规范、健康地发展。

五、精准农业

（一）精准农业的概念

精准农业是当今世界农业发展的新潮流，是由信息技术支持的根据空间变异，定位、定时、定量地实施一整套现代化农事操作技术与管理的系统，其基本含义是根据作物生长的土壤性状，调节对作物的投入，即一方面查清田块内部的土壤性状与生产力空间变异，另一方面确定农作物的生产目标，进行定位的“系统诊断、优化配方、技术组装、科学管理”，调动土壤生产力，以最少的或最节省的投入达到同等收入或更高的收入，并改善环境，高效地利用各类农业资源，取得经济效益和环境效益。

（二）精准农业的特点

精准农业是在现代信息技术、生物技术、工程技术等一系列高新技术最新成就的基础上，发展起来的一种重要的现代农业生产形式，其核心技术是地理信息系统、全球定位系统、遥感技术和计算机自动控制技术。

1. 现代信息技术

精准农业从20世纪90年代开始在发达国家兴起，目前已成为一种普遍趋势，英国、美国、法国、德国等国家纷纷采用先进的生物、化工乃至航天技术使精准农业更加“精准”，美国把曾在海湾战争中运用过的卫星定位系统应用于农业，这种技术被称为“精准种植”，即通过装有卫生定位系统的装置，在农户地里采集土壤样品，取得的资料通过计算机处理，得到不同地块的养分含量，精准度可达1～3平方米。技术人员据此制定配方，并输入施肥播种机械的电脑中。这种机械同样装有定位系统，操作人员进行施肥和播种可以完全做到定位、定量。还可将卫星定位系统安装在联合收割机上，并配置相连的电子传感器和计算机，收割机工作时可自动记录每平方米农作物产量、土壤湿度和养分等的精确数据。

2. 现代生物技术

现代生物技术最显著的特点是打破了远缘物种不能杂交的禁区，即用新的生物技术方法开辟一个世界性的新基因库源泉，用新方法把需要的基因组合起来，培育出抗病性更强、产量更高、品质更好、营养更丰富，且生产成本更低的新作物、新品种；另外，现代生物技术还具有节约能源、连续生产、简化生产步骤、缩短生产周期、降低生产成本、减少环境污染等功效。例如，美国把血红蛋白转移到玉米中，不仅保持了玉米的高产性能，而且提高了它的蛋白含量。抗转基因水稻、玉米、土豆、棉花和南瓜等已在美国、阿根廷、加拿大数百万公顷土地上试种。

微生物农业是以微生物为主体的农业。微生物在合成蛋白质、氨基酸、维生素、各种酶方面的能力比动物、植物高上百倍；微生物还可利用有机废弃物，变废为宝、保护生态环境。利用有益微生物，不仅可获得大量生物量，用于制作食用蛋白质以及脂肪、糖类等专门食品，而且在生物防治、土壤改良方面也有突出表现。

3. 现代工程装备技术

现代工程装备技术是精准农业技术体系的重要组成部分，是精准农业的“硬件”，其核心技术是“机电一体化技术”。在现代精准农业中，现代工程装备技术可以应用于农作物播种、施肥、灌溉和收获等各个环节。

精准播种就是将精准种子工程与精准播种技术有机结合，要求精准播种机播种均匀、精量播种、播深一致。精准播种技术既可节约大量优质种子，又可使作物在田间获得最佳分布，为作物的生长和发育创造最佳环境，从而大大提高作物对营养和太阳能的利用率。

精准施肥是能根据不同地区、不同土壤类型以及土壤中各种养分的盈亏情况，作物类别和产量水平，将氮、磷、钾和多种可促进作物生长的微量元素与有机肥加以科学配方，从而做到有目的地施肥，既可减少因过量施肥千万的环境污染和农产品质量下降，又可降低成本。要求有科学合理的施肥方式和具有自动控制的精准施肥机械。

精准灌溉是指在自动监测控制条件下的精准灌溉工程技术，如喷灌、滴灌、微灌和渗灌等，根据不同作物不同生育期间土壤墒情和作物需水量，实施实时精量灌溉，可大大节约水资源，提高水资源有效利用率。

精准收获则是利用精准收获机械做到颗粒归仓，同时，还可以根据事先设定的标准准确地将产品分级。

六、信息化农业

（一）信息化农业的概念

信息化农业就是集知识、信息、智能、技术、加工和销售等生产经营要素为一体的开放式、高效化的农业。其核心是农业信息化。从计算机用于农业的时候算起，现在已经发展到了包括信息存储和处理、通信、网络、自动控制及人工智能、多媒体、遥感、地理信息系统、全球定位系统等阶段，出现了

"智能农业"、"精准农业"、"虚拟农业"等高新农业技术。

农业信息化是指信息及知识越来越成为农业生产活动的基本资源和发展动力，信息和技术咨询服务业越来越成为整个农业结构的基础产业，以及信息和智力活动对农业增长的贡献越来越大的过程。

伴随经济全球化和信息全球化的到来，信息化技术已渗透到各个行业、各个领域，有力地促进了全球经济与社会的发展。西方国家的农业已发展到信息化阶段，欧美国家农业信息已经全面实现了网络化、全程化和综合化，农业信息技术已进入产业化发展阶段。从国内来看，我国农业信息化起步于20世纪80年代，发展于90年代，1994年我国开始启动"金农工程"，其目的是加速和推进农村和农业信息化，建立"农业综合管理和服务系统"。在"十五"期间，我国"金农工程"和农业信息化重点项目包括"农村市场信息服务行动计划工程"、"农业智能化信息管理与服务工程"、"农业卫星定位系统（GPS）、农业遥感信息系统（RS）、地理信息系统（GIS）"农业3S应用工程。到目前为止，我国已形成以农业部为中心，连接31个省、自治区、直辖市农业厅的信息网络平台，全国90%以上的市、县农牧局都建立了信息服务机构，绝大多数还建立了局域网。

（二）信息化农业案例

欧盟农业信息化服务模式

1. 欧盟的农业信息服务

欧盟官方农业信息服务机构主要有欧洲统计局、欧盟农业委员会、农场会计网委员会和农业理事会。

（1）欧盟农业信息收集机构欧洲统计局和农场会计网委员会负责欧盟农业信息收集和标准化处理。他们在欧盟各成员国设联络处收集农业信息，其设计的调查问卷非常标准，便于成员国之间比较。联络处在收集农业数据时，经常与当地农业科研机构合作。联络处可能亲自拜访样本农户汇集信息，也可能把调研任务发包给当地会计事务所、大学、农业协会或其他机构。

（2）欧盟农业信息发布机构农业理事会是欧盟主要的信息发布机构，其发布各类农业信息的程序为：分析农业数据→撰写报告草稿→欧委会农业委员会审议通过→欧委会许可发布农业信息（以电子、传统出版物或新闻发布会的形式）。

农业理事会主要信息服务项目有政策报告、新闻发布、农产品市场形势和预测、农产品市场价格公报、农业统计信息和研究报告。欧盟每年提供4份农产品市场价格季度报告和1份年终综合报告，这些报告均以英国、法国、德国、意大利等6国语言撰写。

2. 欧盟农业信息的主要使用者

欧盟政府和农产品生产经营者（农场主、农产品加工企业等）都是欧盟农业信息的主要使用者，但在这两者中又以政府使用为主，政府通过分析各类农业数据制定农业政策和法令，并对市场进行宏观调控。除政府外，欧盟农产品生产经营者也是农业信息的主要利用者之一，这些农场主和企业家主要通过订阅农业期刊、报纸和利用因特网获取信息。

3. 欧盟农业信息服务渠道

欧盟许多知名农业杂志都有自己的网站，如英国最受欢迎的杂志《农场主周报》的域名为http：//www. fwi. co. uk。

欧盟农业信息服务网站提供的服务类型主要有：

（1）农产品市场价格走势，如农业在线（http://www. ag-

CentralOnline. com）以提供市场价格走势为主。

（2）气象预报服务，代表性网站 http://www. defra. gov. uk。

（3）科技信息，如家畜改进公司网站（http://www. lic. co. nzAndex. html）提供最新的新西兰奶牛基因工程、人工繁殖、牛群测定、饲养管理等方面的信息。

（4）专家在线咨询，如 http：//directag. com/di-rectag/ex-pert 提供农艺学家、牲畜养殖顾问和奶牛专家与农户在线交互式服务。

（5）提供各类农产品生产经营和管理工具，如 http：//www. AgrNet. ie 为农业生产者提供各类农产品经营管理软件和各类表格；http：//www. foi. CO. uk/live/markets/ml-cfront. html 为牛肉经营者提供牛肉收益率计算软件等。

第三节　国家现代农业发展战略

在工业化、城镇化深入发展中同步推进农业现代化是国家的一项重大任务。加快发展现代农业，既是转变经济发展方式、全面建设小康社会的重要内容，也是提高农业综合生产能力、增加农民收入、建设社会主义新农村的必然要求。为贯彻落实《中华人民共和国国民经济和社会发展第十二个五年规划纲要》精神，指导全国“十二五”现代农业建设和发展。

到 2015 年，现代农业建设取得明显进展。粮食等主要农产品供给得到有效保障，农业结构更加合理，物质装备水平明显提高，科技支撑能力显著增强，生产经营方式不断优化，农业产业体系更趋完善，土地产出率、劳动生产率、资源利用率显著提高，东部沿海、大城市郊区和大型垦区等条件较好区域率先基本实现农业现代化。

展望2020年，现代农业建设取得突破性进展，基本形成技术装备先进、组织方式优化、产业体系完善、供给保障有力、综合效益明显的新格局，主要农产品优势区基本实现农业现代化。

第二章　新型职业农民素质培育

第一节　新型职业农民素质培育的概述

一、现代农业需要高素质职业农民

高素质职业农民，一般指德才兼备或有某种特长并从事农业主要是田间劳作的人。高素质职业农民是一种人才，以其创造性劳动为社会做出积极贡献。人才作为知识的创造者、承担者、传播者和使用者，越来越受到现代社会的关注。农业科技人才是新生产力的开拓者，是农业科学知识和实用技术的推广者和传播者，是科学理论的探索者，对农村经济和农业生产的发展有着举足轻重的作用。我们应该看到农村实用人才和乡土人才在农业与农村现代化建设中不可替代的重要作用。为了保证我国农业和农村现代化的顺利实现，提高我国农业的国际竞争力，继续保障我国人民的食物与营养安全，调整农业结构，增加农民收入，促进农业产业化进程，加速农村小城镇建设，缩小城乡差别，开发资源，保护环境，治理污染，防灾减灾，促进农业可持续发展和宏观发展战略的实现，需要建立一支门类齐全、梯次合理、素质优良、新老衔接的庞大的现代农业人才队伍。

农业是一个强调实践性和综合性的领域，高新技术愈是渗透于农业，它要求农业科技人才的社会性、综合性、实践性就愈高。据联合国粮农组织（FAO）关于《高等农业教育战略的选择》报告称：“农业大学应该培养新型科学家，具有试验场研究和农场研究及与农林推广站工人密切合作的能力”。

农业干部的选拔应遵循以下几点：①真正懂得农业科学技术；②具有开创和促进国际间的农业合作与交流的能力；③具有领导才能和个性特点，能够赢得农业领域各部门的尊重。我们极力建议，农业干部应该懂得农业方方面面，能够赢得国内外农业领域的尊敬并与之合作，而不应是一个官僚统治者。确实，中国的农业现代化建设和融人经济全球化的客观现实，迫切需要大量的德才兼备、献身农业、服务人民的包括农业科技人才和农业干部在内的现代农业人才。

二、现代农业的高素质人才特征

新型农民，是指在当地专门从事农业某个方面的商品生产、经营或服务活动的，有文化、懂技术、会经营的新一代农民。其主要有 3 个方面的特征。

1. 有文化、懂技术、会经营的知识技能型农民

从经济学角度看，知识技能型农民就是“农商”，是一个以通过市场配置资源，以需求指导农业生产又以新产品引导市场，并以商业活动为舞台的新型农副产品生产者和市场经济的参与者。有文化是指新型农民必须具备一定的文化知识并具有接受新知识和各种信息的能力。懂技术是指新型农民必须具备一定的农业科学技术基础和接受过技能培训，具有较高的自身吸收和运用新技术的能力。

由“土专家”向以大学生为主的专业技术与管理人员过渡，

发展现代农业要求构建繁荣有序、具有明显现代农村社会特征的，提高农业生产的现代化、农产品的市场化，提高农村社会的组织性和社会化程度，以改善和提升农村生产状况现代化、市场化、社会化必然要求专业化，现代农业发展对基层队伍提出了更专业的岗位能力要求。

2. 思想道德素质高的文明型农民

在思想方面，新型农民应树立集体主义观念和现代思想观念，具有市场意识、竞争意识和创新意识，拥有一定的理想信念；在道德方面，新型农民应符合社会公德、家庭美德等道德规范，能够继承和发扬尊老爱幼、勤劳朴实等优秀农村道德传统。

3. 民主法制意识强的民主型农民

在民主方面，新型农民应具有较强的政治参与意识、自我表达意识、自我管理意识以及主人翁意识，积极主动地参与民主选举、民主决策、民主管理和民主监督；在法制方面，新型农民应树立法制观念，自觉地学法、懂法、守法，并能主动拿起法律武器维护自身合法权益。

对新型农民的要求由偏重专能到注重统筹。现代农业发展面对的是更深层次、更复杂、关系到全局的发展问题，涉及粮食安全、产业调整、生态建设、社会事业发展、可持续发展等多个互相关联而又互有一定独立性的方面。这对参与建设的新型农民提出了更高更综合的素质要求，他们不仅能领导其他农民群众增收致富、搞好经济建设，还要具备对眼前利益与长远发展、局部经济利益与综合社会效益、城市发展与全国大局的统筹把握能力、理解能力，能前瞻、能深入、能兼顾和统筹，搞好现代农业生产。

三、现代农业高素质人才需要的类型

据调查，在现代农业建设过程中，高技能的专业型农业人才、高水平的复合型农业人才极为短缺。在未来现代农业发展中，农业专业技术人才将依然有较大需求，主要是农业技术推广人才、农产品营销人才、农业信息研发人才，学历层次上要求中专以上。具体地讲，现代农业所需农业人才类型主要包括如下几种。

（一）经济功能类人才

建设农业科技强国，实现各类新兴农业和涉农产业的经济效益，经济功能类人才是提高我国农业竞争力的关键因素，这类人才包括：①懂科技、会经营、善管理的涉农企业家和经营管理人才；②厚基础、宽口径、多专业、复合型的涉农科研专业人才及农产品（农、林、牧、渔业）创新人才，特别是各专业领域的顶尖领军人物和学科带头人，以及农业装备（设施）技术的农业工程人才；③既懂农业技术，又懂农产品加工专业的涉农产品深加工的农业技能型人才（高级技工、技师）；④懂农业技术，又有实践经验，深入农业生产的产前、产中、产后开展农业科技成果推广应用、农产品推销的农业推广人才。

（二）生态功能类人才

建设现代化农业对生态环境功能有更高要求，对内强化生态功能，这类人才需求将有较大较快增加，这类人才包括：①林业、园林花卉业人才；②绿色食品标准化检验检测人才；③农业生态和环境保护人才；④农业生物技术人才。

（三）服务功能类人才

适应农业科技强市、对外强化服务功能的需要，以服务带动农业产业发展，要有大量现代农业服务功能的人才，这类人才包括：①涉农物流人才（包括涉农外贸）。②涉农会展人才。③涉农市场中介与媒体（包括广告）人才。④涉农信息技术（包括咨询服务、数据化技术）人才。⑤农畜产品标准化检验检测、监督、认证等人才。

第二节 我国现代高素质职业农民的现状及培养途径

目前，我国人均GDP已超过1 000美元，根据国际经验，这一阶段也是传统农业向现代农业转变的关键阶段。现代农业具有比传统农业更为丰富的内涵，现代农业是技术密集型产业，假日农业、休闲农业、观光农业、旅游农业等新型农业形态也在迅速发展；现代农业在突出现代高新技术的先导性、农工科贸的一体性、产业开发的多元性和综合性的基础上，还强调资源节约、环境零损害的绿色性；现代农业生产中，农户广泛地参与到专业化生产和社会分工中。为促进现代农业发展，必须进一步推进农村经济体制的市场化改革；支持和保护农民合作经济组织；加大政府对农业的资金投入；利用优惠政策引导城市资金投向现代农业。

一、我国农民的整体素质有待提高

我国的农民总体上来说具有吃苦耐劳的精神和勤奋朴实的传统美德，但由于诸多原因造成我国农民整体素质不高，这是人所共知的事实，已成为发展现代农业的主要障碍。

(一) 农民受教育程度低

中国有13亿多人口，每年大约新增1 500万人，将近70%的人口仍然生活在农村，农村的剩余劳动力大约是1.5亿人。全国4.97亿农村劳动力中，高中以上文化程度的只占13%，初中的占49%，小学及以下的占38%，农民平均受教育年限7.8年，全国92%的文盲半文盲在农村。

(二) 农民缺少现代专业技能

一方面，留守农村的农民大多是儿童妇女老人，没有经过专门的现代农业技术训练，而依靠父辈经验的传授，从事传统的农业生产。这种生产方式，在现代市场经济条件下，很难脱贫致富。另一方面，进城务工的农民也没有经过专门的现代工业和服务业的培训，不能从事复杂劳动，只能从事简单劳动，其中大部分是脏活、累活、苦活。

(三) 农村基层文化生活单调、匮乏

由于交通不便、信息不畅，人们的思想相对封闭、保守，有的农村存在大量劳动力闲置现象，一部分人不思进取，致富能力不足；网络在农村还是奢侈品，各种文艺活动少，农村社区文化建设薄弱，农民除了看电视，主要是打麻将和赌牌，有的地方农民把赌博当娱乐；有的地方讲排场、比阔气，铺张浪费严重，使得社会风气复杂化。自觉学习农业知识的积极性不高，参与现代农业开发的积极性更低。

(四) 农民相对缺少现代公民意识

法律意识淡薄、道德意识贫乏和信仰意识缺失。由于不懂得运用法律维护自己的合法权益，为了争得权益往往采取非法

手段，导致犯罪的事件时有发生；以耻为荣的现象在现实生活中经常出现；许多农民信奉封建迷信，被一些愚昧的信念所左右。

（五）农民的社会保障不健全

农民的贫困化没有得到根本解决，大部分农村医疗卫生保障缺乏。卫生部2004年底公布的第三次国家卫生服务调查结果显示，我国有48.9%的群众有病不去就诊，有29.6%的群众应住院而不能住院，看病难、就医难、药品贵等问题突出。农民因病致贫、因病返贫的现象屡见不鲜，严重影响农民身体健康素质的提高。

二、构建专用农业人力资本的具体内容

要发展现代农业，加快农业结构调整，转变农业增长的方式，迫切需要造就规模宏大的新型农民队伍。大规模培养造就专用农业人力资本必须要调动全社会力量共同参与。当前，各级政府应把培养新型农民纳人新农村建设的总体规划，调动社会各方面的积极性，建立政府扶助、面向市场、多元办学的农民教育培训体系，多渠道、多层次、多形式、多种途径着力提高农民的总体素质，培育出具备现代化素质的新型农民。还要加快农民教育培训立法，为农民教育培训提供法律保障。

（一）提高农民自身思想意识

农民是新农村建设的主力军。只有充分发挥农民的积极性和创造性，使农民真正体会到自己是农村的主人，热爱农村，提高其主人翁的责任感和事业心，农村建设才会稳步发展。首先应充分运用业余党校、文明学校、组建宣讲团等，广泛开展通俗易懂、深入浅出的讲座和辅导报告，组织编写一些适合农

民特点、少而精的学习材料，加强形势和信念教育，不断增强农民的政治意识和民主法制意识。其次，大力开展讲文明、树新风活动。教育和引导广大农民解放思想、更新观念，冲破落后传统观念束缚，尤其是一些陈规陋习和不健康的生活习惯。广泛开展创建文明村镇、星级文明户、五好家庭等多种行之有效的活动，开展崇尚科学，反对迷信，移风易俗，倡导新风，提倡新农村的思想观念和文明意识。第三，推动和引导广大农民树立与社会主义市场经济相适应的发展意识、创业意识、市场意识、竞争意识、生态意识等，营造生机勃勃、富有创造力、勇于进取的农村思想文化环境，不断提高广大农民的人文素质。第四，创造条件建立图书室，使广大农民学有场所、学有内容。积极引导农民树立自主学习意识，养成自觉学习、主动学习、爱好学习的良好习惯，创建全民学习、终身学习的学习型农村。

（二）加快推进农村义务教育体制改革

要整体提高农民的素质，九年义务教育是根本。全国92%的文盲和半文盲在农村。现阶段，我国农村很大一部分地区还存在着上不起学，小学辍学率高的现象。从影响农村发展的战略和全局的高度，把农村义务教育作为整个农村社会事业发展的优先领域，率先发展。基础教育非常重要，综合文化素质要从小培养，使农民具备基本的文化素质，有能力掌握技术，参与社会事务的管理。全面推行九年义务教育，中央和省级财政要承担起发展农村义务教育的责任，进一步加大对农村义务教育的投入力度，彻底改变“义务教育不义务，农村教育农民办”的尴尬局面，在减轻农民负担的同时增加农民受教育的机会；加大对教育重要性的宣传力度，引导农民树立知识改变命运的观念，使农民高度重视对子女的教育，促使农业人口向非农业人口的转变；加快教育行政管理体制改革，建立城乡教师的合理交流制度，精简教师队伍，提高教师素质；不断加强对农民应该掌握的经营管理知识的教育，使农民有机会迈入管理者阶层。

（三）全力构建集教育培训、科学普及、推广服务和信息传播等多功能于一体的现代农民教育培训体系

以提高农民的综合素质、增强劳动技能、培养实用人才为目标，加快培养新型农民，为社会主义新农村建设提供可靠的人才保障。

第一，加大对农民的免费技术培训力度，这是培养有技术的新型农民的关键。可采用多途径、多渠道、多形式的方法开展各类农民培训工作，农民缺乏相应的技术，无论是搞种植、养殖、农产品深加工，还是进城务工，增加收入的能力有限。所以，农业科技人员要坚持走到田间地头，把先进的种植、养殖、农产品深加工技术送到农民手里，手把手地教会他们，解决广大农民在生产中遇到的实际问题，与此同时把先进的生产经营理念带到农村，提高增收致富能力、自我发展能力；国家应该建立专项资金用于对农民的技术培训，政府应对农民培训工作加以引导和支持，使其在培养新型农民方面收到实际效果。让他们能掌握一项或多项致富的技术，尤其要加大对青年农民科技培训的力度；加大对外出打工农民的职业技能培训，开发和充分利用农村劳动力资源的潜力，加快对农村剩余劳动力的转移速度。

第二，加大转移就业的职业培训，加快培养技能型劳动力人才。为城镇输送一批技能熟练的产业工人队伍，创建一批农民转移就业培训基地，使其各具所能、各有所长，提高农民转

岗专业技能和农业生产的实用技术，为农村可持续发展、为农民创收提供直接动力。

第三，完善培训的长效机制，加快培养农村实用专业技术人才。以人才资源能力建设为核心，按照建设社会主义新农村对各类人才的需要，以需求为导向，面向社会、面向市场，全面提高农民现代教育培训整体水平。

（四）积极培养农村带头人

农村带头人主要有两种：一种是农村的基层干部，另一种是农民企业家或与企业家有合作的农民。要培养一大批懂政策、觉悟高、会干事、能干成事的农村干部，以带动群众发展，增加农民收入。而农民企业家或与企业家合作的农民，则是解决农业生产与经营相脱的关键因素。依靠他们及时根据市场需求合理调整农村产业结构，带动农村生产力整体水平不断提高。

（五）注重农民整体素质的不断提高

第一，以群众喜闻乐见的形式引导农民进行乡风文明建设，开展形式多样的道德教育，文明村镇、文明家庭等活动，促进农村形成团结互助、扶贫济困、平等友爱、融洽和谐的良好风尚。第二，完善乡村文化设施，扶持发展各种文化团体，充实、丰富和活跃农民群众的生活，引导农民崇尚科学、抵制迷信、移风易俗、破除陋习，着力刹住迷信风、浪费风、赌博风，倡导科学健康的生活方式；深入开展法制宣传教育，让广大农民学法懂法，守法护法。第三，推广农村计划生育奖励扶助制度，适当加大奖扶力度，倡导优生、优育、优教，控制人口数量，提高人口质量。第四，设立农村卫生服务站，开展现代健康教育，改变不文明的生活习惯，增强保健意识。第五，通过具有针对性强、务实有效、通俗易懂的农业科技、现代教育培训，不断引导农民走近知识、走向文明，提高农民获取、吸收、交流各种知识和信息的能力，培养农民树立自立自强的人生信念和勇于奋斗的精神。这些方面的教育看似琐碎，但对塑造农民的现代意识，融入现代生活很重要。

（六）在涉农院校学生中培养、储备农民

从长远来看，涉农院校学生是新型农民队伍建设的基本源泉。因此为解决新型农民队伍后继乏人问题，必须高度重视在涉农院校中开展专门的有计划、有组织、遴选培养工作，使涉农院校成为新型农民的成长摇篮和蓄水池。

要大力改革院校培养模式，以校企合作为平台，进行理论和实践能力的交叉培养，院校学习和企业见习相结合，切实培养会学、能做、有创业能力、受社会欢迎的毕业生。同时针对学生不愿务农、即使下农村也留不住的问题，要制定专项优惠政策，鼓励和引导学生立志爱农、学农和务农。

（七）在社会人才资源中导入、培育

解决现有新型农民队伍类型结构失衡、知识结构偏低等问题，需要采取近期和远期相结合的综合举措，逐步改善。近期来看，由于农业一线缺乏年轻人，在种植、养殖行业中出现年龄结构“断层”、“白头在田头”的现象比较突出，许多地方已显“空心村”现象。因此，在培育新人方面，农业内部自我调整改善的余地很小，必须尽快从外部社会导入一批文化层次较高、年纪较轻、有志务农的创业者作为新生力量，充实到现有队伍中。要鼓励非农产业的从业人员投身农业，成为新型农民带头人。有关调查表明，相当一部分原企事业员工辞职后承包土地或领证创办农业企业，吸纳了一定数量的农村劳动力，带动了周围的农户，为农村建设注入了活力。他们实际上已经成为新型农民的带头人，应该同样享农业生产和培训的优惠政策。这部分人一般求知愿望较高，接受新知识较快，观念较新，有一定创业基础。如果让他们留在农业岗位，将会改善农民队伍的结构和增强农民队伍总体的机能。

（八）树立科学的办学理念

涉农高等教育的办学理念包括以下内容：①不断增强国际意识、创新意识和素质意识，推进我国农业国际化、科技化、市场化、法制化的发展进程。②要以培养基础扎实、知识面宽、能力强、素质高，能主动适应农业和农村现代化建设需要，具有宽厚、复合、开放、创新等特征的高级农业科学技术创新人才为培养目标。③要注重德智体美全面发展，知识、能力、素质协调发展，创新精神和实践能力重点发展等作为素质培养的要求。④要实现由专才转向通才、由教学转向教育、由传授转向学习、由培养技术应用型转向科研开发型人才的教育模式。

（九）打造创新的培养模式

要改变涉农高等教育人才培养与现实脱节的状况，要对农业创新人才的培养模式和教育内容进行改革与创新：①加强学生思想政治工作的针对性和实效性，增加学生为实现农业和农村现代化努力的历史责任感和社会责任感，增强学生学农、毕业后务农的根本动力。②优化课程结构，更新教学内容，改变教学方法，构建新型农科课程教学体系，培养学生的科学精神和终生学习的观念。③充分利用各种条件，进行有效的产学研结合、校企合作办学，开设各类选修课，增设各种辅导专业或第二学位课程，充分发挥学生个性、特长和潜能。④全面推进素质教育，全面提高教育质量，学生成为理想远大、勇于创新，德才兼备、全面发展的新型农业人才。

（十）建立务实高效的制度

首先，推行农业科技人员和农村对接，和农民交往，传播科学种田方法，传导农业新颖耕作技术的政策。农业科技人员要坚持深入到田间地头，把先进的种养技术送到农民手里，手把手教农民。其次，加大对农民的免费技术培训力度，国家应该设立专项资金用于对农民尤其是青年农民的技术培训，让他们掌握一项致富的技术。培训内容应以发展现代农业、精细农业、旅游农业、特色农业为主。第三，有意识、有重点地培育规模化和专业化生产经营的农业大户和农民企业家。第四，以优惠的政策吸引事业有成的打工者回乡投资兴业，服务建设新农村。第五，鼓励和支持大中专毕业生积极投身到新农村的建设中去，毫无保留地将自己学的知识和技能奉献给农民，发挥他们的引领、带动和辐射作用。第六，继续搞好文化、科技、卫生“三下乡”活动，充分运用报纸、刊物、书籍、广播、电视等工具宣传农民所需要的各种知识。

目前，我国农情、国情决定，培养专用农业人力资本不能齐头并进，必须分清主次，解决主要矛盾，注意点面结合，示范引导。一方面要抓好面向广大农民的教育培训和科学普及，另一方面要重点实施好新型农民科技培训工程、农村劳动力转移阳光工程和农村实用人才培养工程。培养专用农业人力资本要把传统方式与现代方式有机衔接起来，注意长短结合、远近结合、点面结合、阶段性教育与终身教育结合、普及性培训与系统性培训结合、理论培训与技能培训相结合。通过上述一系列努力，优化专用农业人力资本体系，为社会主义新农村建设发挥积极的促进作用。

中篇

新型职业农民综合素质提升

第三章 保护身体健康提高生活质量

第一节 保护美化环境，净化生活空间

一、居室污染的来源

居室污染主要有以下来源。

（1）室内建筑和装修产生的有毒有害气体，如甲醛、苯、氨气等。

（2）房间中的装饰和摆设，如地毯、毛毯和各种装饰物上的致病菌。

（3）儿童的各种玩具造成的污染，如毛绒玩具中的尘螨污染、木制玩具上油漆的铅污染、塑料玩具的挥发物质等。

（4）家中饲养宠物狗、猫等，儿童特别愿意与它们玩耍并长时间生活在一起，它们是家庭里造成细菌、真菌、病毒等生物污染的重要根源之一。

（5）幼儿园和学校中，教室里儿童过于密集，每个儿童占有空间过小，容易使室内空气污染加重。

（6）禽畜舍离居室太近，禽畜的排泄物通过空气传播出来的异味。

二、厨房和厕所污染的来源

厨房和厕所污染主要有以下来源。

（1）“厨房没有厕所干净”这个现象让人奇怪，然而这是事实。美国亚利桑那大学的科学家对15个家庭作了历时30周的调查，对象是厨房和厕所的14个部位。研究人员对每个部位的样本作了检测后发现，厨房的剁肉板上的细菌是坐厕板的3倍，厨房洗碗布上的细菌是坐厕板的100倍。炒菜的油烟中含有大量致癌物，剁肉板上寄生着大量的细菌，致使我们吃的饭菜中含有大量细菌和致癌物。

（2）农村的厕所，又称茅房，一般独立于住宅之外。若按现代标准建造配有化粪池的厕所一般都可达到卫生标准；但传统的茅房可以滋生许多病菌。

三、家庭保洁措施

家庭保洁主要应采取以下措施。

（1）居室应尽可能地简单装修，每日开窗通风，定期打扫。

（2）尽可能地使用木制家具和棉麻类的天然衣物。

（3）尽量不养宠物；家养禽畜的圈舍要独立于房屋的主体之外。

（4）厨房的用具每次用完后要清洗干净。

（5）若是传统的茅房则要定期用石灰消毒。

（6）衣被要定期置于太阳下暴晒。

第二节　科学合理膳食

一、天天喝奶好处多

在各类食品中，奶类所含的营养素最为齐全。奶中含有优质蛋白质、脂肪、各种维生素和矿物质，还有特殊的碳水化合物——乳糖。奶中钙含量高，而且钙磷比例合适，还有维生素D、乳糖等促进钙吸收的因子，所以儿童、青少年饮奶有利于骨骼的生长发育，中老年人饮奶可以补充钙，减少骨质疏松症发生的危险。

每人每天都应该吃奶或奶制品，饮1～2杯牛奶（200～400毫升）或相当于同等数量鲜奶的奶制品，如酸奶、奶酪。

奶中含有3%的脂肪，饮奶量较多的人、高血脂、体重超重或肥胖的人应选择低脂或脱脂奶及其制品。

专家指导预防喝奶腹胀有妙招，有些人喝牛奶后会出现腹胀、腹痛、腹泻、排气增多等症状，这主要是由于其消化道内缺乏乳糖酶，因而出现乳糖不耐受的表现。这种症状可以用以下几种方法预防：不要空腹喝奶；不喝鲜奶喝酸奶；少量多次饮奶；选择低乳糖奶。

二、每天至少6杯水

生命离不开水。人对水的需要量主要受年龄、温度、身体活动等因素的影响。建议在温和气候条件下从事轻体力活动的成年人每天至少饮水1 200毫升（约6杯）。不要等到感觉口渴时才去饮水，应该养成每天少量多次主动饮水的习惯。早晨起床后空腹喝一杯水，可以增加血容量，促进血液循环，对预防中风和心肌梗死有好处。睡觉前喝一杯水，可以促进血液循环。

温馨提示：

煮沸后自然冷却至20～25℃的白开水是最好的饮用水。有些人，尤其是儿童青少年，每天喝饮料代替喝水，这是一种不健康的行为。饮料里含能量，糖尿病病人要注意。经常适量饮茶，对人体健康有益。茶叶中含有茶多酚、咖啡碱、儿茶素等多种化学成分，对人体有益。但长期大量饮浓茶会妨碍铁质的吸收。

三、合理选择强化食品

目前，我国市场上最为常见的强化食品有碘强化的食盐，铁强化的酱油，多种营养素强化的面粉，维生素 A 强化的植物油，各种婴儿配方奶粉和标明为何种特殊人群配制的配方奶粉，维生素强化的液态奶，多种营养素强化的饮料和糖果，钙、铁、锌等矿物质强化的粮食制品，如面包、饼干、麦片等。

老百姓在选择这些强化食品时，应该根据个人的营养需要和膳食搭配选择强化食品，首选政府倡导的强化食品，如碘盐、铁强化酱油、强化面粉等。不要盲目听信广告宣传。在购买强化食品时，要看清标签上标明的所添加的营养素的品种和数量。

第三节　保持身心健康

一、家庭、邻里的和睦有益于健康

人际关系是人与人在社会交往过程中所形成的相互协调关系，反映人与人之间基本认同的心理状态。其特点是具有情感的亲和性。如家庭中的父子、夫妻关系，社会生活中的邻里关系、同事关系等，都是人际关系的表现方式。良好的人际关系能调节人的情绪，使人能维持健康的心理。例如，当自己遇到不愉快的事而忧愁烦闷时，向亲朋好友倾诉自己的忧虑与苦恼，听听他们的意见，就能使自己得到解脱，找到解决问题的办法。当你与人为善、助人为乐时，社会所给予的积极评价会使你感到愉快与轻松，不致会为一些烦心的事情所困扰。

从现代医学的观点看，良好的人际关系有助于心理活动的调节。良好的心理活动能使体内分泌出有益于健康的激素和酶类，这些物质能把血液的流量、神经细胞的兴奋调节到最佳状态，从而提高机体的抗病能力，预防多种疾病的发生。

总之，家庭和睦，邻里友善，人际关系好，可以使大家通过相互的信任和帮助，建立一个良好的生活环境，不仅对工作、学习等有好处，而且积极、友好的社会交往还有助于个人良好品格的形成、发展，从而更好地适应社会环境，保持身心的健康。

二、农民需要参加体育活动

农民从事的工作多为体力劳动，而且劳动时身体常处于一种强迫姿势。这种持续性的劳动总是身体某一部分的肌肉与组织在运动，容易产生疲劳甚至畸形。所以农民很有必要在业余时间参加一些体育活动。

农民除了根据各自的爱好，因时、因地制宜地选择一些体育活动项目外，还要注意不同劳动特点，选择某一适合的锻炼方式。如劳动时主要是下肢用力而缺乏上肢活动的，适宜参加球类、练单双杠、举重等；劳动时缺乏下肢活动的，适宜参加骑自行车、跑步、踢足球等；劳动时长时间弯腰者，适宜参加体操、打太极拳等；整天坐着工作的，则适宜参加打乒乓球、羽毛球等。

农民适当参加一些体育活动，有助于消除疲劳，增强体质，提高劳动效率。

三、提倡晚婚

《中华人民共和国婚姻法》（以下简称《婚姻法》）规定：结婚年龄，男不得早于22周岁，女不得早于20周岁。这是法定婚龄或者叫最低婚龄，意思是说，只有达到这个年龄，结婚才算合法。同时，《婚姻法》还强调了晚婚的必要性。所谓晚婚，就是按《婚姻法》规定的结婚年龄推迟3年以上才结婚。

四、吸烟对人体的危害

一支香烟中所含的有害成分有：一氧化碳、焦油、尼古丁等，其中，危害最大的是尼古丁。1支香烟里含的尼古丁可毒死1只老鼠，20支香烟中的尼古丁能毒死1头牛。

一个成年人如果每天吸20~25支香烟，就吸入了50~70毫克尼古丁。这些尼古丁本可以致人于死地，只是由于它们是被人体间歇式吸入，加上人体有一定的解毒能力，吸烟者才免于死亡。

烟草中含有许多致癌物以及能够降低肌体排出异物能力的纤毛有毒物质。这些毒物附在香烟烟雾的微小颗粒上，到达肺泡并在那里沉积，彼此强化，结果又大大加强了致癌作用。每天吸烟10支以上的人，肺癌死亡率要比不吸烟者高2.5倍。肺癌患者的90%以及各种病症的1/3是吸烟引起的。此外，吸烟还会引起喉癌、鼻咽癌、食道癌、胰腺癌、膀胱癌等。吸烟会使心血管病加重，加速动脉粥样硬化和生成血栓，造成心律不齐，甚至突然死亡。有研究者发现，吸烟者由冠心病引起的猝死率比不吸烟者高4倍以上。吸烟会损害神经系统，使人记忆力衰退，过早衰老。吸烟会损害呼吸系统，经常吸烟的人长年咳嗽、咳痰，易患支气管炎、肺气肿、支气管扩张等呼吸道疾病。吸烟者容易患胃溃疡病，因为烟雾中的烟碱能破坏消化道中的酸碱平衡。据一些统计数字：每吸1支烟平均减少寿命5分钟；长期吸烟寿命将缩短5~8年；吸烟者死亡率要比非吸烟者高2.5倍。

五、饮烈性酒对人体的危害

饮酒对身体弊大于利，虽然有研究提示，酒类中的某些成分有益于健康，但与其对身体的危害相比实在是微不足道。由嗜酒引起的疾病叫酒源性疾病。有人统计，现在酒源性疾病较之10年前增加了28倍，由此而造成的死亡人数上升了30.6倍。长期过量饮酒，对人的胃肠、心脏、肝脏、肾脏等都会有不良的影响，容易导致一些疾病的发生，最常见的有慢性胃炎、中毒性肝炎、心肌肥大、尿路结石、痛风性关节炎、急性胰腺炎等。酒精会在不知不觉中悄悄损害脑细胞、微血管，使人感觉迟钝、注意力不集中、情绪变化无常，影响人的思维和注意力，到了一定程度就可能出现脑萎缩、脑缺血、脑动脉硬化、老年性痴呆。长期滥饮酒类对性功能也有损害。男性酒精中毒者中，大约40%有阳痿，女性酒精中毒者中，30%～40%存在性兴奋困难。而且女性酒精中毒者更容易衰老，并且会过早绝经。过度饮酒危害很大，与饮酒肯定有关的癌症为口腔癌、咽喉癌、食管癌、肝癌和乳腺癌。

六、赌博对健康的危害

俗话说“十赌九输，久赌成疾”。赌博本身是一种刺激，常常因输赢而上瘾。赌博时由于神经高度紧张，可引起人体内一系列变化，如激素分泌增加、血管收缩、血压升高、呼吸加快、心跳加速，长期如此，对人的身心健康是十分有害的。现代医学研究发现，赌徒中高血压的患病率比正常人要高4倍；患消化性溃疡、紧张性头痛的比一般人更多。

此外，一旦赌博上瘾，常常是日以继夜地赌，这就打乱了人的正常生物节律和生活习惯，故经常赌博的人常常表现精神萎靡不振，情绪动荡不稳，久而久之，容易发生神经衰弱或其他疾病。人的大脑极度紧张，时间长久之后就会出现头晕眼花、肢体麻木、反应迟钝、难以入睡、食欲不振等症状，医学上叫“赌博综合征”。另外，长时间食欲不好、进食减少可导致营养不良、贫血以及其他疾病。

赌博者久坐不动，臀部肌肉长时间受到挤压可出现腰酸背痛，还可引起下肢血液循环不通畅，容易诱发或加重痔疮发作。

凡赌博必有输赢，赢者欣喜若狂，输者消沉愤怒。有的人一输再输，债台高筑，就会铤而走险，打架斗殴，偷盗抢劫，走上犯罪的道路。

总之，赌博与其说是赌徒用钱财赌输赢，倒不如说是在拿自己的生命作赌注，它败坏社会风气，腐蚀人的思想，危害人的身心健康，有百害而无一利。

七、吸毒的危害

吸毒一旦上瘾，吸毒者的神经每天会受到毒品的麻醉，终日不思进取，身体不断受到毒品的摧残，抵抗力下降，大脑软化萎缩，人体内的免疫机制遭到破坏。长此以往，身体逐渐衰弱，精神也极度萎靡。

吸毒者一旦上瘾就难以戒断，其原因是：吸毒成瘾者只要中断吸毒，身体就会产生非常难以忍受的痛苦，如头痛、失眠、流泪、烦躁、厌食等。有的吸毒者因无法忍受痛苦往往采取自我摧残身体的方法与毒瘾对抗，如用力头碰墙，用手抓扯头发，甚至自杀等。

吸毒者购买毒品需要很多钱，这笔费用每天都要支出，而且随着毒瘾的加深，支出也会相应增加，吸毒者是不可能长期承受得了的。为了满足毒瘾，许多吸毒者铤而走险，逐步走上犯罪的道路，如扒窃、抢劫、偷盗、杀人等，最终断送了自己的前程甚至生命。

总之，吸毒不仅危害自身，还会破坏家庭的和睦和扰乱社会的安定，所以，要坚决予以禁止。

八、心理平衡是促进健康的金钥匙

心理平衡是指心理反应与外界环境刺激保持动态平衡，心理处于平静、良好状态，情绪稳定，做事积极，人际关系良好，有愉悦感、满足感、安全感，这种心理状态是人体适应环境的反应，对健康有益。健康教育家洪昭光教授指出，心理平衡的作用超过其他保健因素的总和。注意到心理平衡就是掌握了健康的金钥匙。

保持心理平衡说起来容易，真正做到并不简单。它涉及生物——心理——社会多方面因素。培养健全人格要在纷繁复杂的环境中，保持心理平衡，首先要提高心理素质，学会心理调节，重视培养健全的人格。

概括起来讲，人格特点包括以下5个方面。

（1）性格内向还是外向。外向的人活泼开朗，兴致勃勃，大多数时间喜欢和大家在一起。内向的人沉默寡言，表情严肃，更情愿独处或与少数亲密的人在一起。介于两者之间的人活泼好动，待人热情，喜欢有别人陪伴，也喜欢一个人独处。

（2）情绪的稳定性。情绪稳定的人感到安全，表现坚强，一般情况下都能做到轻松自如。情绪不稳定的人遇事感情用事，容易心烦意乱。介于两者之间的人，遇事镇静，能够对付突发性的应急事件，但有时也会体验到内疚、愤怒和悲伤感。

（3）思想是开放还是保守。思想开放的人有广泛的兴趣，有丰富的想象力，乐于接受新事物。思想比较保守的人做起事来脚踏实地，有务实精神，但往往以固定的方式办事，对新事物接受慢。介于两者之间的人办事注重实际，且愿意考虑新的办事方式，常常力求在新旧事物之间寻求一种平衡，设法寻找一个平衡点。

(4) 人际关系的好坏。人际关系好的人心地善良，有同情心，能与别人合作，积极避免与别人发生冲突。人际关系差的人在与人交往过程中态度强硬，不信任别人，骄傲自负，总想超过别人，倾向于直接表达自己的愤怒和不满。介于两者之间的人，一般都待人温和，很少与别人不和，但有时也会坚持己见，甚至为此与别人发生冲突。

(5) 工作的严谨性与责任心、工作严谨的人办事井井有条，对工作有一个高的标准，总是积极努力地实现自己的目标。相反的情况是工作起来不是很有条理，有时还粗心大意，从来不愿制订计划，以便有条不紊地工作。介于两者之间的人办事可靠、有节奏，办事有明确目标，但也能暂时将工作搁置一边。

第四节　预防职业病

一、农业生产中职业性有害因素

(一) 不良气象条件

夏季，高气温和太阳辐射是野外作业难以避免的有害因素，尤其是在南方，白天室外气温通常在35℃以上，太阳辐射强度大，人的体温随气温而升高，人体会出现积热而发生热射病，故在农田作业时可发生中暑。旱地作业因受地面二次辐射的影响，比水田作业受到影响更大，尤其在气温和相对湿度较高而风速较小的密植高秆作物（玉米、高粱、甘蔗等）的大田劳动时，由于蒸发散热困难，更易发生中暑。机械化作业时，还受到发动机所散发热量的影响，夏季驾驶室内温度可达40℃以上。

冬季，如果长期在5℃以下环境劳动，则会影响机体的免疫能力。易患感冒、肺炎等疾病，引起神经炎、腰腿痛和风湿性疾病等。暴露的手、足、面、耳易患冻疮及冻伤，严重时发生肢体坏疽。

（二）噪声和振动

主要来源于使用机械化生产的作业环境，如拖拉机、联合收割机、脱粒机、水泵、电磨、汽车等，拖拉机手除受到全身振动外，还受到局部振动。

（三）农药、化肥及有害化学气体

农作物种植、栽培、除草、杀虫、促进生长和成熟等过程经常使用各种农药、化肥，引起农药中毒及其他损伤。拖拉机和联合收割机废气中可含有一氧化碳，地窖储存的蔬菜因换气不良、腐败、氧化分解等可产生二氧化碳、硫化氢、一氧化碳等，引起入窖人员中毒。进入沼气室、粪坑等可接触甲烷、硫化氢或一氧化碳等窒息性气体。化肥损害随品种不同而异，夏季使用容易引起皮炎或湿疹，冬季可使皮肤角化、破裂。

（四）农业粉尘

农业生产接触的粉尘主要有泥土、植物粉尘和霉变物的粉尘。霉变枯草和谷类粉尘中可含某些嗜热性放线菌孢子，诱发“农民肺”（外源性变应性肺泡炎）。麦芒引起接触部位红肿刺痒及痛感，棉尘引起上呼吸道刺激，以致发烧、咳嗽、胸闷甚至尘肺，被小麦芽孢霉菌污染的干草等，在搬运、切割时产生的粉尘，可使人骤然发病，出现发烧、气促、干咳等，反复发作会使肺功能受损，甚至丧失劳动能力。

（五）病原微生物和致病昆虫

人畜共患的疾病种类很多，常见的有炭疽病、布氏杆菌病、钩端螺旋体病等。狗、蛇、水蛭亦常造成人体伤害。稻田皮炎是水田劳动者的常见病，在钩虫病流行的地区可见到钩蚴皮炎。

在玉米、小麦脱粒或棉花采摘搬运时因接触寄生在这些作物上的蒲团虫、米粉恙螨引起瘙痒性皮炎。人工接触附有三化螟虫卵的稻叶时，可引起三化螟虫卵块皮炎。果林区发生桑毛虫危害，接触其脱落飘逸的毒毛，可引起桑毛虫皮炎。

密切接触马尾松可引起松毛虫病。养蚕者手部接触部位可被柞蚕分泌物腐蚀，导致局部症状，并易发生感染，称为蚕沙病。

（六）其他因素

农业劳动中常有抬举重物及不良体位劳动易发生肌腱周围组织急性劳损、慢性腰肌劳损等多种肌肉、骨骼疾病。长期站立可致下脚肢静脉曲张，严重时形成化脓性血栓静脉炎。重体力劳动的女性常有月经异常和子宫下垂，严重者可造成子宫脱垂及阴道壁脱出。此外，外伤也是农业生产中发生率较高的一种伤害。在农作物收割、捆绑、运输、脱粒等作业中，由于麦芒、谷物粉屑、砂粒等异物入眼，常导致眼外伤。

二、主要预防措施

（1）加强对农业劳动者健康知识的培训和宣传教育，让他们充分了解工作中面临的健康危害，增强自我保护意识，正确掌握农药喷洒、农业机械使用、通风等技术要求。

（2）合理安排夏季工作时间，避免在中午阳光及紫外线强度大的时间进行野外劳动。劳动时佩戴草帽等合适的遮挡阳光的物品，注意提供富含食盐的防暑降温饮料。

(3) 加强女工的保健，女工“五期”避免从事重体力劳动，在哺乳期避免从事喷洒农药等有害作业。

(4) 正确使用个人防护用品是防护的关键。包括操作者正确使用护耳器，佩戴合适的防护口罩，合理使用护肤品。

第四章　打造现代农业品牌

第一节　无公害农产品生产

一、无公害农产品

无公害农产品是指产地环境、生产过程、产品质量符合国家有关标准和规定的要求，经认证合格获得认证证书并允许使用无公害农产品标志的未经加工或初加工的食用农产品。其农产品中残留的农药、重金属、有害微生物等物质不超过国家允许标准。具体讲，无公害农产品是“三个不超标”：一是农药残留不超标，不能含有禁用的高毒农药，其他农药残留不超过国家规定的允许标准；二是硝酸盐、亚硝酸盐含量不超标；三是病原微生物等有害物质不超过规定允许量，不影响人的健康。

无公害农产品注重产品的安全质量，其标准要求不是很高，涉及的内容也不是很多，适合我国当前的农业生产发展水平和国内消费者需求，对于多数生产者来说，达到这一要求不是很难。当代农产品生产需要由普通农产品发展到无公害农产品，再发展至绿色食品或有机食品，绿色食品跨接在无公害食品和有机食品之间，无公害食品是绿色食品发展的初级阶段，有机食品是质量更高的绿色食品。

二、无公害农产品标准与生产

无公害农产品标准是无公害农产品认证和质量监管的基础，其主要由环境质量、生产技术、产品质量标准 3 部分组成，其中，产品质量标准、环境标准和生产资料使用标准为强制性国家及行业标准，生产操作规程为推荐性国家行业标准。截至 2007 年，农业部共制定无公害食品标准 386 个，使用 277 个，其中，产品标准 127 个，产地环境标准 20 个，投入品使用标准 7 个，生产管理技术规程标准 117 个，认证管理技术规范类标准 6 个。

（一）无公害农产品生产基本原则

1. 统一完善的系统管理原则

无公害农产品生产是从生产到市场的全过程控制与管理，涉及无公害农产品的每个环节都应纳入控制与管理之中，要建章立制，有章可循，做到生产有规程，产品有标志，认证有程序，市场有监管，过程有记录，确保无公害农产品的质量控制在严格管理之中，使无公害农产品的质量要求和产品信誉有可靠的保证。

2. 严谨规范的生产技术原则

无公害农产品的环境品质独特性是其生产技术独特性所决定的，只有严谨规范的生产技术，才有符合特定标准的无公害农产品。无公害农产品是丰富多样的，具体到每种产品都应有与之相对应的产地、产品环境标准和生产全过程的操作规程配套。对无公害农产品生产影响甚大的外部环境，如产地有无工业“三废”污染源、生产内部环境如土壤重金属背景值是否过高、农药、化肥、除草剂等农资的环境负效应在产品中的富积与残留等都必须按标准和规程要求予以科学严谨的把握，不能混同于一般的产品生产要求。

3. 循序渐进的产品生产原则

农产品丰富多样，无公害农产品生产领域非常广泛，但并不是什么农产品都要开发成无公害农产品，也不是什么农产品都同时开发成无公害农产品，要按市场规律循序渐进，不能一概而论。市场消费能力、消费观念、消费特点都有阶段性，有不同档次和层次的要求，现阶段消费市场对无公害农产品正处于培育扩大过程，在生产中必须适应它的发展。由于技术进步的渐进性，有些农产品的无公害技术还受现实技术水平限制，难以达到无公害的质量标准，故此也决定了无公害农产品的渐进性。

（二）无公害农产品生产工作要点

1. 选好基地

生态环境必须要符合无公害农产品生产标准的基地环境要求。

2. 选用良种

良种综合指标性状好，包括产量、品质、抗逆性（旱、涝、病虫）等。

3. 辅以良法

良好的栽培措施，既要发扬传统的技术，又要有创新的技术，包括合理密植、适时播种、配方施肥，科学、合理、安全地用农药防治病虫害，使作物既能按其性状生长，又可获得高产量、品质好的产品，而不应该人为地改变其原有的性状或简单的技术叠加。

4. 科学、合理、安全地使用农药

农产品的污染，90%以上来自农药的污染，其次才是肥料、水土及贮藏等环节。

（三）无公害农产品生产技术保障措施

1. 无公害农产品生产基地环境控制技术

无公害农产品开发是将生产建设与环境保护于一体的生态农业发展到一定阶段的产物。无公害农产品以生态农业为技术保障，生态农业以无公害农产品为市场载体，从而形成以产品开发带动生态农业，以生态农业建设促产品开发的良性发展机制。因此，无公害农产品开发基地应建立在生态农业建设区域之中，在生态农业建设中强化无公害技术份额。具体地说，其基地在土壤、大气、水质上必须符合无公害农产品产地环境标准，其中土壤主要是重金属指标，大气主要是硫化物、氮化物和氟化物等指标，水质主要是重金属、硝态氮、全盐量、氯化物等指标。无公害农产品产地环境评价是选择无公害农产品基地的标尺，只有通过其环境评价，才具有生产无公害农产品的条件和资格。

2. 无公害农产品生产过程控制技术

无公害农产品的生产过程控制主要是农用化学物质使用限量的控制及替代过程，重点是农药和肥料施用。病虫害防治要以不用或少用化学农药为原则，强调以预防为主，综合防治。肥料施用强调以有机肥为主，以底肥为主，按土壤养分库动态平衡需求调节肥量和用肥品种。在生产过程中制定相应的无公害生产操作规范，建立相应的文档、备案待查。

（1）科学用药。一是要对症下药防治污染；二是要抓住时机，及时用药；三是要适宜的农药剂型，正确的施药方法；四是要合理混用，交替使用，提高药效；五是要保护天敌和注意农药安全间隔期，一般收获前 20 天内禁止喷施化学农药。

（2）农业防治。一是要积极引进培育和推广优良品种；二是要调节播种期；三是要抓好种子处理；四是要合理间作、套种和轮作；五是要深耕和冬耕；六是要合理密植，加强通风；七是抓好嫁接育苗，如黄瓜利用黑籽南瓜作砧木嫁接育苗，可防止枯萎病的发生；八是要清洁田园，加强水肥管理。

（3）生物防治。生物防治是利用有益的生物消灭有害的生物的病虫害防治措施，它包括以虫治虫、以菌治虫，以病毒治虫，以菌治菌，以病毒治病毒等，目前生物农药很多，如 BT 乳剂、农抗 120 等。

（4）物理防治。利用光、温、器具等进行防治病虫害的措施称为物理防治，如在温室大棚中利用 40 ~ 50℃的高温防治瓜类霜霉病；利用银灰色薄膜避蚜防病毒；夏季闲棚高温进行土壤消毒；利用粘虫板、诱虫灯杀虫等。

（5）无公害农作物施肥措施。一是重施有机肥。有机肥养分全、肥效迟、供肥时间长，可以提供农作物所需的各种养分，增强土壤养分的缓冲能力和保肥能力，防止和延缓土壤有盐渍化的过程；能改善土壤微生物结构和理化性能，增加土壤的通透性和透水性；改善土壤微生物生存环境，增加微生物的种类和活性，促进各类微生物均衡生长。二是科学平衡使用化学肥料，要根据农作物的需肥规律、土壤养分状况、肥料的特性，在施用有机肥的前提下，提供氮、磷、钾及钙、镁等微量元素的适宜配比和相应的施肥技术，提倡使用专用肥和生物肥（根瘤菌类肥、固氮菌类肥、解磷菌类肥等），收获前 20 天内禁止施用化学肥料。

3. 无公害农产品质量控制技术

无公害农产品最终体现在产品的无公害化。其产品可以是初级产品，也可能是加工产品，其收获、加工、包装、贮藏、运输等后续过程均应制定相应的技术规范和执行标准。产品是否无公害要通过检测来确定。无公害农产品首先在营养品质上应是优质，营养品质检测可以依据相应检测机构的结果，而环境品质、卫生品质检测要在指定机构进行。

第二节 绿色食品与有机食品的生产

一、绿色食品生产

绿色食品是指在无污染的生态环境中种植及全过程标准化生产或加工的农产品，严格控制其有毒有害物质含量，使之符合国家健康安全食品标准，并经专门机构认定，许可使用绿色食品标志的食品。

中国农业部规定了绿色食品的名称、标准及标志。绿色食品必须同时具备以下条件。

（1）产品或产品原料产地必须符合绿色食品生态环境质量标准。

（2）农作物种植、畜禽饲养、水产养殖及食品加工必须符合绿色食品生产操作规程。

（3）产品必须符合绿色食品质量和卫生标准。

（4）产品外包装必须符合国家食品标签通用标准，符合绿色食品特定的包装、装潢和标签规定。

（一）绿色食品分级标准与绿色食品标志

1. 绿色食品分级标准

参照国外与绿色食品相似的有关食品标准，结合我国国情，中国绿色食品发展中心将绿色食品分为两类，即AA级绿色食品和A级绿色食品。

（1）AA级绿色食品标准

环境质量标准。绿色食品大气环境质量评价采用国家大气环境质量标准GB 3095—82中所列的一级标准；农田灌概用水评价采用国家农田灌溉水质标准GB 5084—92；养殖用水评价采用国家渔业水质标准GB 11607—89；加工用水评价采用生活饮用水质标准GB 5749—85，畜禽饮用水评价采用国家地面水质标准GB 3838—88中所列三类标准；土壤评价采用该土壤类型背景值的算术平均值加2倍标准差。AA级绿色食品产地的各项环境监测数据均不得超过有关标准。

生产操作规程。AA级绿色食品在生产过程中禁止使用任何有害化学合成肥料、化学农药及化学合成食品添加剂。其评价标准采用《生产绿色食品的农药使用准则》《生产绿色食品的肥料使用准则》及有关地区的《绿色食品生产操作规程》的相应条款。

产品标准。AA级绿色食品中各种化学合成农药及合成食品添加剂均不得检出，其他指标应达到农业部A级绿色食品产品行业标准（NY/T 268—95至NY/T 292—95）。

包装标准。AA级绿色食品包装评价采用有关包装材料的国家标准、国家食品标签通用标准GB 7718—94及农业部发布的《绿色食品标志设计标准手册》及其他有关规定。绿色食品标志与标准字体为绿色，底色为白色。

（2）A 级绿色食品标准

环境质量标准。A 级绿色食品的环境质量评价标准与 AA 级绿色食品相同，但其评价方法采用综合污染指数法，绿色食品产地的大气、土壤和水等各项环境监测指标的综合污染指数均不得超过 1。

生产操作规程。A 级绿色食品在生产过程中允许限量使用限定的化学合成物质，其评价标准采用《生产绿色食品的农药使用准则》、《生产绿色食品的肥料使用准则》及有关地区的《绿色食品生产操作规程》的相应条款。

产品标准。采用农业部 A 级绿色食品产品行业标准（NY/T 268—95 至 NY/T 292—95）。

包装标准。A 级绿色食品包装评价采用有关包装材料的国家标准、国家食品标签通用标准 GB7718—94 及农业部发布的《绿色食品标志设计标准手册》及其他有关规定。绿色食品标志与标准字体为白色，底色为绿色。

所有申报经营主体，其产地环境、生产过程、产品质量和包装、运输等上述 4 个环节全部符合相应的绿色食品标准要求，才能获得绿色食品标志使用权。这种完整的标准体系和认证过程真正体现了“全程质量控制”的理念。

2. 绿色食品标志

绿色食品标志是一个质量证明商标，属知识产权范畴，受《中华人民共和国商标法》保护，并按照《中华人民共和国商标法》《集体商标、证明商标注册和管理条例》和《农业部绿色食品标志管理办法》开展监督管理工作。

按商标法有关规定，具备条件可申请使用绿色食品标志的产品有以下 5 类。

一是肉、非活的家禽、野味、肉汁、水产品、罐头食品、腌渍、干制水果及制品、腌制、干制蔬菜、蛋品、奶及乳制品、食用油脂、色拉、食用果胶、加工过的坚果、菌类干制品、食物蛋白。

二是咖啡、咖啡代用品、可可、茶及茶叶代用品、糖、糖果、南糖、蜂蜜、糖浆及非医用营养食品、面包、糕点、代乳制品、方便食品、面粉等五谷杂粮、面制品、膨化食品、豆制品、食用淀粉及其制品、饮用冰、冰制品、食盐、酱油、醋、芥末、味精、沙司等调味品、酵母、食用香精、香料、家用嫩肉剂等。

三是未加工的林业产品、未加工的谷物及农产品、花卉、园艺产品、草木、活生物、未加工的水果及新鲜蔬菜、种子、动物饲料等。

四是啤酒、不含酒精饮料、糖浆及其他供饮料用的制剂。

五是含酒精的饮料（除啤酒外）。

（二）绿色食品生产操作规程

绿色食品生产操作规程包括农产品种植、畜禽饲养、水产养殖和食品加工等操作规程。

1. 种植业生产的操作规程

种植业的操作规程是指农作物的播种、施肥、浇水、喷药及收获等各个生产环节中必须遵守的规定。其无公害生产控制有以下主要内容。

（1）植保方面，农药的使用在种类、使用浓度、时间、残留量方面都必须符合《生产绿色食品的农药使用准则》。

（2）作物栽培方面，肥料的使用必须符合《生产绿色食品的肥料使用准则》，化学合成的肥料和化学合成生长调节剂的使用，必须限制在不对环境和作物质量产生不良后果、不使作物产品有毒物质残留积累到影响人体健康的限度内。有机肥的施用量必须达到保持或增加土壤有机质含量的程度。

（3）品种选育方面，选育的品种尽可能地适应当地土壤和气候条件，并对病虫害有较强的抵抗力。

2. 畜牧业生产操作规程

畜牧业生产的操作规程是指畜禽在选种、饲养、防治疾病等环节必须遵守的规定。无公害生产控制的主要内容是：

（1）必须饲养适应当地生长条件的种畜种禽。

（2）饲料原料应主要来源于无公害区域内的草场和种植基地，饲料添加剂的使用必须符合《生产绿色食品的饲料添加剂使用准则》。

（3）畜禽房舍内不得使用毒性杀虫、灭菌、防腐药物。

（4）不可对主畜禽使用各类化学合成激素、化学合成促生长素、有机磷和有机药物，兽药的使用必须符合《生产绿色食品的兽药使用准则》。

3. 水产业生产的操作规程

养殖用水必须达到绿色食品要求的水质标准、环境标准，鱼虾等水生物的饲料，其固体成分应主要来源于无公害的生产区域。

4. 食品加工业生产的操作规程

食品加工的绿色食品生产操作规程要求食品加工过程中，食品添加剂的使用必须符合《生产绿色食品的食品添加剂使用准则》，不能使用国家明令禁用的色素、防腐剂、品质改良剂等添加剂。允许使用的要严格控制用量，禁用糖精及人工合成添加剂。食品生产加工过程、包装材料的选用、产品流通媒介都要具备安全无污染条件。

二、有机食品与有机农业

（一）有机食品

有机食品是指来自于有机农业生产体系，根据国际有机农业生产要求和相应的标准，在原料生产和产品加工过程中不使用农药、化肥、生长激素、化学添加剂、化学色素和防腐剂等化学物质，不使用基因工程技术，并通过独立的有机食品认证机构认证并使用有机食品标志的农产品及其加工产品，称为有机食品。

有机食品所说的“有机”不是化学上的概念，而是农业生产体系上的一个概念，就是指来自于有机农业生产体系。根据有机食品的定义，一种食品要成为有机食品，必须满足以下5个条件。

（1）食品的原料必须是来自于已经建立或正在建立的有机农业生产体系，或者是采用有机方式采集的野生天然产品。

（2）在整个生产过程中必须严格遵循有机食品的加工、包装、储藏、运输的标准和要求。

（3）在生产和流通过程中必须有完整的质量控制体系和跟踪审查体系，并有完整的生产和销售记录及档案。

（4）在整个生产过程中尽最大可能减小对环境的污染和生态的破坏。

（5）必须通过独立的经认可的有机食品认证机构的认证。

（二）有机农业

有机农业在国外也有叫“生态农业”、“生物农业”。有机农业是指一种按照有机农业生产标准，在生产中完全不使用化学合成的肥料、农药、生长调节剂、畜禽饲料添加剂等物质，也不使用基因工程生物及其产物的生产体系。在这个体系中，作物秸秆、畜禽粪便、豆科作物、绿肥和有机废弃物是土壤肥力的主要来源，作物轮作以及各种物理、生物和生态措施是控制杂草和病虫害的主要手段。有机农业充分提高系统中包括土壤微生物、植物和动物在内的生物循环和物质循环，保持和提高土壤的长效肥力；充分考虑畜禽在自然环境中的所有生活需求和条件，协调作物生产和畜牧业的平衡；保持生产体系和周围环境的生物多样性，包括保护动植物和野生动物的栖息地。

有机农业实质上是一种以农村社会经济与环境协调发展为原则，以农业清洁生产为指导，遵循自然规律和生态学原理而采取的可持续发展型农业。在有机农业生产系统中，人类、土地、动植物是一个有机结合的多元整体，人类的健康与系统中各个组成部分息息相关。因此，有机农业生产应当遵循以下 6 个基本原则。

（1）遵循自然规律和生态学原理。

（2）循环利用有机生产体系内的物质。

（3）依靠体系自身力量保持土壤肥力。

（4）保护生态环境，多样性种植和养殖。

（5）根据土地的承载能力饲养畜禽。

（6）充分利用生态系统的自然调节机制。

（三）有机农业标准

有机农业标准发展至今，已初步形成了世界范围内不同层次的标准体系，主要表现在国际水平、地区水平、国家水平和认证机构水平 4 个方面。这里简单分述如下。

1. 国际有机农业运动联盟（IFOAM）的基本标准

国际有机农业运动联盟（IFOAM）是当今世界上最广泛、最庞大、最权威的国际有机农业组织。IFOAM 在尊重有机农业发展历史及其目标的基础上，结合有机生产的自愿性特点和有机农业地域性强的特征，充分考虑以生产者和消费者为主的多方面的意见，在求同存异的基础上，建立了一套有机农业生产的基本标准。IFOAM 在标准制定上的目标是：在有机生产的各个部分都坚持有机农业的定义；确保有机产品的完整性和可靠性；确保有机标准不会成为贸易障碍；在一个协调的框架内允许变化；确保公平的规则。

IFOAM 基本标准和准则作为国际标准已在 ISO 注册，是地区标准、国家标准和认证机构自身标准的基础，是标准的标准。IFOAM 基本标准每两年进行一次修改。有机农业的国际基本标准包括以下 4 个方面。

（1）前提条件。凡标上“有机”标签的产品，生产者和农场必须是 IFOAM 成员；不属于 IFOAM 的个体生产者不可以声明他们是按 IFOAM 标准进行生产的；IFOAM 标准包括农场审查和颁证方案的建议。

（2）目标（即基本标准的框架）。生产足够数量具有高营养的食品；维持和增加土壤的长期肥力；在当地农业系统中尽可能利用可再生资源；在封闭系统中尽可能进行有机物质和营养元素方面的循环利用；给所有的牲畜提供生活条件，使它们按自然的生活习性生活；避免由于农业技术带来的所有形式的污染；维持农业系统遗传基质的多样性，包括植物和野生动物环境的保护；允许农业生产者获得足够的利润；考虑农业系统较广泛的社会和生态影响。

（3）根据上述框架各国组织必须制定发展自己的标准。采用的方法和技术可采用参考自然生态平衡的某些技术，强调指出禁止使用农用化学品，例如合成肥料、杀虫剂等。

（4）如何使产品成为有机产品。原来不是有机产品，可进行转换，让其变为有机产品，在一定时期内按标准要求进行转换，由每个有机农业颁证机构确定转换过程的时间，并定期（每年）进行评价。

转换计划包括：增强土地肥力的轮作制度；适当的饲料计划（养殖业）；合适的肥料管理方法（种植业）；建立良好的环境，以减少病虫害转换周期时间，如果产品在两年之内满足所有标准则第三年可以作为有机产品出售。

有机农业对种植业强调如下几方面：环境条件（由颁证组织审查无污染）；作物品种选择，应选适应当地土壤和气候以及对病虫有抵抗能力的品种；实施轮作（包括豆科作物）；肥料政策：有机肥返回土壤，保持土壤肥力。禁止焚烧稻草，氮肥必须是有机，颁证组织应对产品的硝酸盐含量加以限制，引进的肥料要审查；病虫害防治管理：要保护天敌，提倡生物综合防治，禁止使用合成杀虫剂；杂草的处理：用预离栽培技术来防治，限制生长（例如，合理的轮作、种植绿肥、平衡施肥管理等），使用物理除草方法，禁止使用除草剂、生长刺激剂。

在畜牧生产中禁止使用人工荷尔蒙和其他增产剂，从非有机农业组织购入的饲料不得超过10%～20%（根据牲畜的种类而异）。此外，不得采取虐待牲畜的生产方式，对养殖业、畜牧业强调禁止使用饲料添加剂、生长素、开胃药、防腐剂等。

2. 欧盟标准

欧盟标准适用于其成员国的所有有机农产品的生产、加工和贸易。1991 年欧盟有关有机农业的规则被发表于欧盟的官方刊物。1999 年 12 月，欧盟委员会通过了有机产品的标识，这个标识可以由 EU 2092/91 规则下的生产者使用。欧盟关于有机生产的 EU 2092/91 规则中有很多对消费者和生产者的保护。

3. 国家标准

从国家水平上看，除了 15 个欧盟成员国外，日本、阿根廷、巴西、澳大利亚、美国、智利、匈牙利、以色列、瑞士等都有国家标准。

美国：1990 年通过联邦法有机农产品生产法案，并成立了国家有机食品标准委员会（NOSB），由美国农业部归口领导，负责国家标准的制定工作。美国国家的有机农业标准于 2001 年 4 月 21 日开始试行，2002 年 10 月 21 日正式执行。

日本：1992 年日本农林水产省制定了《有机农产品蔬菜、水果生产准则》和《有机农产品生产管理要点》，并于 1992 年将以有机农业为主的农业生产方式列入保护环境型农业政策。2000 年 4 月推出了有机农业标准，标准于 2001 年 4 月正式执行。

中国：1994 年，国家环境保护总局有机食品发展中心（OFDC）在国家环境保护总局南京环境科学研究所成立，其职能是从事有机天然食品研究、开发、颁证、检测、培训和推广等，OFDC 的成立标志着我国真正全面开展有机食品的开发和认证管理。OFDC 根据 IFOAM 有机生产加工的基本标准，参照并借鉴欧盟委员会有机农业生产规定（EEC N0. 2092/91），以及其他国家如德国、瑞典、英国、美国、澳大利亚、新西兰等有机农业协会或组织的标准和规定，结合我国农业生产和食品行业的有关标准，于 1999 年制定了 OFDC 有机产品认证标准（试行)，2001 年 5 月经修改又上升为 OFDC 有机认证标准。OFDC 已与许多国家有影响的有机食品认证机构或咨询机构建立了良好的联系和合作，如与德国的 CFRS 和 ECOCERT、英国的 SOIL ASSO-CIATTON、美国的 OCIA、日本的 JONA 和 NOAPA、马来西亚的 HUMUS、泰国的 ACT 等。有些国家的有机食品认证机构也已在中国建立办事处或分会。目前经过我国国家认证认可监督管理委员会（CNCA）批准的有机食品认证机构有 31 家，另外有一些国外有机认证机构也在我国开展业务。其中，中绿华夏有机食品认证中心（简称 COFCC）隶属于农业部，是农业部推动有机农业运动发展和从事有机食品认证、管理的专门机构，也是中国国家认证认可监督管理委员会（CNCA）批准设立的国内第一家有机食品认证机构，并获得中国认证机构国家认可委员会（CNAB）的认可。

4. 认证机构建立的标准

基本上每一个认证机构都建立了自己的认证标准。这里需要说明的是一个国家可以有一个认证机构，也可以有多个认证机构，这些认证机构多数是民间的，也有是官方的（如中国的认证机构 OFDC）。不同认证机构执行的标准都是在 IFOAM 基本标准的基础上发展起来的，但侧重点有所不同，例如欧洲一些认证机构的有机标准，其主要内容多是围绕畜禽饲养，包括了牲畜、家禽饲养，牧草、饲料生产，肉、奶制品加工等。而中国以及一些其他亚洲国家的认证机构，其标准则多集中在大田作物（蔬菜，水果）生产、野生产品开发、茶叶以及水产等方面，这也从一个侧面反映了不同国家或地区不同的资源特色。此外，根据不同地区的特征和需要，不同认证机构对标准的发展也有所不同，这其中多数认证机构仍以 IFOAM 基本标准的内容为主，标准比较原则化，也有一部分认证机构已根据本地区或本国实际，进一步发展了IFOAM标准，使之更具体化，便于操作，比如德国的BLOLAND已经建立了针对不同产品的标准系列。

第三节　农产品品牌与商标

大量的国内外农产品市场竞争实例证明，在农产品消费市场日趋细分、人们对食品安全问题越来越重视的今天，消费者对品牌的认同和依赖感也越来越强，没有品牌的农产品即使质量再好也很难卖个好价钱。农产品品牌已经成为走向消费市场的有效措施与手段，也是一座新型的消费安全桥梁。

一、农产品品牌培育

农产品品牌是一种无形资产，代表着农产品的质量和信誉、代表着农产品的文化与价值、个性与风格。农产品品牌培育需要政府、经营主体联合来进行。政府要鼓励品牌建设，保护品牌；经营主体和行业协会要加强行业自律，把好初级产品的质量关，严禁以次充好，长期保持区域品牌形象，防范区域品牌被破坏。

（一）充分利用资源特色

特色资源是农产品品牌的基础。有关部门特别是农业部门对农产品的生产要进行规划指导，充分利用农业资源的特色，开拓和进行农产品品牌开发。比如，在浙江省有温岭草鸡、黄岩蜜橘、仙居杨梅、温岭高橙等，有地方特色的农业资源要尽力开发，充分利用起来。

（二）形成生产经营规模

从世界农产品品牌的成功经验看，多为先有规模、后有品牌，以规模支撑品牌。但我国农业经营主体小、规模分散经营的生产特点使农产品品牌不论在地域上还是在产业链环节上，都存在一定的分散性和分割性，难以形成集中打响品牌的合力。因此，解决目前我国农业生产规模小、营销方式落后等问题的有效途径是建立各种形式的农业产业化组织。在生产方面，可以建立农民生产协会、专业性生产合作组织，内部实行不同程度的经营主体化管理与经营，如专业性生产某一种类或品种的农产品，统一进行产品的加工并使用同一品牌销售，依靠其拥有品牌农产品的优势，以利益为纽带，以品牌为载体，将分散的千家万户联合成一个利益共同体，形成品牌农产品群体，作为农产品品牌战略的组织依托。还可以“龙头”组织带动，以实力较强的农产品生产加工产业化经营组织为龙头，围绕一项产业或产品，以龙头组织对品牌塑造和开发为核心，积极推行标准化“统一”管理，辐射带动基地和周边农户，带动农产品品牌发展。在市场方面，建立有特点的品牌产品产地市场，集中销售当地的名优农产品，同时建立稳定的销售渠道、开拓新的业务关系，促进农产品的大流通。在有条件的地方，还可以促进品牌农产品走向世界市场。

（三）强化经营主体意识

质量是农产品的生命线，是农产品创品牌的根本。产品经营者应按标准组织生产管理，提高农产品质量。保证农产品质量安全，这是打造品牌的基石。因此，农业经营管理者需要大力推行农产品的标准化工作，突出抓好农业质量标准、农产品质量监督检测和农业标准化技术推广三大体系建设，做到质量有标准、生产有规程、产品有标志、市场有监测。把质量管理和标志管理贯穿始终，严格按照生产操作规程，认真做好农业环境质量监测、产品质量监测，规范产前、产中、产后的配套生产技术标准，制订严格的产品质量标准，稳定农产品的内在品质。

（四）获得产品商标

商标是农产品品牌的标志物，发展品牌农业，商标注册是前提。注册农产品商标，是农产品取得法律保护地位的唯一途径，没有法律地位的农产品终究要被他人侵蚀、淘汰。在开展商标注册和品牌认证中，应积极为地区名优农产品注册集体商标、证明商标，形成地区品牌。

二、集体商标、证明商标和地理标志的申请

根据国内外农业发展先进地区的经验、商标的特征和相关法律法规的精神，农业和农产品运用商标开拓市场、提高效益最显著、最有效的途径是尽可能多地注册与使用集体商标、证明商标和地理标志。

（一）集体商标

集体商标是指以团体、协会或者其他组织名义注册，供该组织成员在商事活动中使用，以表明使用者在该组织中的成员资格的标志。集体商标不是个别企业的商标，而是多个企业组成的某一组织的商标。集体商标可以使用于商品，也可以使用于服务。集体商标由该组织的成员共同使用，不是该组织的成员不能使用，也不得转让。集体商标有效期为10年，专用权自核准注册之日起计算。

1. 集体商标注册申请

申请注册集体商标有两条途径：一是委托国家认可的商标代理机构办理；二是申请人直接到商标局的商标注册大厅来办理。

委托商标代理机构办理证明商标注册申请的，申请人可以自愿选择任何一家国家认可的商标代理机构办理。

申请人直接到商标局的商标注册大厅来办理集体商标注册申请的，申请办理步骤如下：

申请前查询（非必须程序）→准备申请书件→在商标注册大厅受理窗口提交申请书件→在打码窗口打收文条形码→在交费窗口缴纳商标注册规费→一个月左右商标局发出《受理通知书》→商标注册申请补正（非必须程序）。

一件证明商标从申请到核准注册至少需要 1 年多时间。申请后如果被驳回，一方面损失商标注册费，另一方面重新申请注册还需要时间，而且再次申请能否被核准注册仍然出于未知状态。因此，申请人在申请注册前最好进行商标查询，以便确认是否存在在先商标权。委托商标代理机构办理注册申请的，由商标代理机构负责查询。

2. 集体商标申请书件的准备

（1）商标注册申请书 1 份。

（2）集体商标申请人主体资格的文件及复印件，或者加盖申请人印章的有效复印件。

（3）以地理标志作为集体商标的，应当在申请书件中说明下列内容：

※该地理标志所标示的商品的特定质量、信誉或者其他特征；

※该商品的特定质量、信誉或者其他特征与该地理标志所标示的地区的自然因素和人文因素的关系；

※该地理标志所标示的地区的范围。

（4）集体商标使用管理规则。

（5）商标图样5张，要求图样清晰、规格为长和宽不小于5厘米并不大于10厘米。若指定颜色，则为彩色图样5张，并附黑白墨稿1张。

（6）直接来办理注册申请的，须提交经办人的身份证及复印件；委托商标代理机构办理注册申请的，须提交商标代理委托书。

（7）如申请注册的集体商标是人物肖像，应附送经过公证的肖像权人同意将此肖像作为商标注册的声明文件。

3. 注册规费

一个集体商标在一个类别上申请注册为一件注册申请。在一个类别上不管指定多少个商品或者服务项目，每件申请注册规费为3 000元。

委托商标代理机构办理的集体商标注册申请，申请人应向商标代理机构缴纳注册规费和代理费，商标局收取的商标注册规费从该商标代理机构的预付款中扣除。

4. 对地理标志作为集体商标申请的要求

我国《商标法实施条例》指出，商标法中规定的地理标志可以依法作为集体商标申请注册。《集体商标、证明商标注册和管理办法》明确规定，作为集体商标申请注册的地理标志可以是该地理标志标示地区的名称，也可以是能够标示某商品来源于该地区的其他可视性标志。以上所称地区无须与该地区的现行行政区划名称、范围完全一致。多个葡萄酒地理标志构成同音字或者同形字的，在这些地理标志能够彼此区分且不误导公众的情况下，每个地理标志都可以作为集体商标申请注册。

申请以地理标志作为集体商标注册的团体、协会或者其他组织，应当由来自该地理标志标示的地区范围内的成员组成。

以地理标志作为集体商标注册的，应当在申请书件中说明下列内容。

(1) 该地理标志所标示的商品的特定质量、信誉或者其他特征。

(2) 该商品的特定质量、信誉或者其他特征与该地理标志所标示的地区的自然因素和人文因素的关系。

(3) 该地理标志所标示的地区的范围。

此外，还应当附送主体资格证明文件，并应当详细说明其所具有的或者其委托的机构具有的专业技术人员、专业检测设备等情况，以表明其具有监督使用该地理标志商品的特定品质的能力；附送管辖该地理标志所标示地区的人民政府或者行业主管部门的批准文件。

外国人或者外国经营主体申请以地理标志作为集体商标、证明商标注册的，申请人应当提供该地理标志以其名义在其原属国受法律保护的证明。

(二) 证明商标

证明商标是指由对某种商品或者服务具有监督能力的组织所控制，而由该组织以外的单位或者个人使用于其商品或者服务，用于证明该商品或者服务的原产地、原料、制造方法、质量或者其他特定品质的标志。证明商标用来保证所使用商品的特定品质，有利于企业向市场推销商品，也有利于消费者选择商品，保证商品的质量。

证明商标有两种类型：一类是原产地证明商标，证明商品或服务本身出自某原产地，是一种地理标志，原产地名称在一定情况下也可以作为证明商标注册；另一类是品质证明商标，是证明商品或服务具有某种特定品质的标志。

1. 申请证明商标

申请证明商标有两条途径：一是委托国家认可的商标代理机构办理；二是申请人直接到商标局的商标注册大厅来办理。

申请证明商标需要提交的申请书件：

（1）商标注册申请书1份。

（2）证明商标申请人主体资格的文件及复印件，或者加盖申请人印章的有效复印件，并应当详细说明其所具有的或者其委托的机构具有的专业技术人员、专业检测设备等情况，以表明其具有监督该证明商标所证明的特定商品品质的能力。

（3）以地理标志作为证明商标注册的，应当在申请书件中说明下列内容：

※该地理标志所标示的商品的特定质量、信誉或者其他特征；

※该商品的特定质量、信誉或者其他特征与该地理标志所标示的地区的自然因素和人文因素的关系；

※该地理标志所标示的地区的范围。

（4）证明商标使用管理规则。

（5）商标图样5张，要求图样清晰、规格为长和宽不小于5厘米并不大于10厘米。若指定颜色，则为彩色图样5张，并附黑白墨稿1张。

（6）如申请注册的证明商标是人物肖像，应附送经过公证的肖像权人同意将此肖像作为商标注册的声明文件。

2. 证明商标申请书件的具体要求

(1) 申请注册证明商标，应在商标注册申请书的“商标种类”一栏中注明是证明商标。

(2) 证明商标申请人主体资格的文件可以是企业的营业执照，或者事业单位、群众团体经登记成立的批准文件。

(3) 申请以地理标志作为证明商标注册的，其附送的证明其具备监督能力和原产地域范围的文件应当由省级以上业务主管部门（含省级）出具。

(4) 证明商标使用管理规则应包括以下内容：使用证明商标的宗旨、意义或目的；该证明商标证明的商品的特定品质；使用该商标的条件；使用证明商标的权利、义务和违反规则应当承担的责任；注册人对使用该证明商标商品的检验监督制度。

(三) 地理标志

地理标志是指标示某商品来源于某地区，该商品的特定质量、信誉或者其他特征主要由该地区的自然因素或者人文因素所决定的标志。地理标志除了作为表明产品的来源地的标记以外，还是商品质量形象的一个重要标志，它往往和产品的质量、信誉以及产品的品位紧密联系在一起，让人们联想到该产品所具有的与该原产地独特的地理环境或自然或人为的因素密切相关的某些特性。因此，产品的地理标志构成了商品的质量信誉，是正宗和品质的保证，可积极推动和引导的商品销售和消费，无形中成为商品的广告手段，扩大了商品的知名度，形成了商品的附加值，也是消费者识别和选择商品的重要信息。

1. 我国对地理标志的保护

我国对地理标志的立法起步较晚，目前我国在地理标志保护上同时存在着工商和质检两个部门、两种模式的保护，即工商部门的商标保护和质检部门的地理标志产品及原产地标记的保护。除此之外，地理标志还受到反不正当竞争法、产品质量法、消费者权益保护法等其他法律的一般性保护。

2001 年我国对《中华人民共和国商标法》（以下简称《商标法》）进行修正，对集体商标和证明商标作了明确规定，并规定了地理标志的定义，确立了对地理标志的证明商标和集体商标保护，意味着从国家法律的层次上明确将地理标志的保护纳入商标法的保护体系。2002 年国务院颁布了新的《商标法实施条例》，2003 年国家工商行政管理局颁布了新的《集体商标、证明商标注册和管理办法》，对地理标志的证明商标和集体商标注册和保护作了进一步的充实和完善。2004 年下发的《关于加强农产品地理标志保护与商标注册工作的通知》，强调了新时期农产品地理标志保护与商标注册工作的重要意义。根据商标法及相关规定，地理标志可以“作为证明商标或者集体商标申请注册”，即地理标志在我国可以通过注册商标（仅指证明商标或者集体商标）专用权的方式进行法律保护。

1999 年原国家质量技术监督局发布《原产地域产品保护规定》，这一规定和《商标法》并存，形成了对地理标志保护的两种并行模式，2001 年原国家出入境检验检疫局颁布《原产地标记管理规定》及《原产地标记管理规定实施办法》，同年原国家质量技术监督局和原国家出入境检验检疫局合并为国家质量监督检验总局，2005 年国家质检总局颁布《地理标志产品保护规定》，从内容上看三者之间是一脉相承的，新规定沿用了《原产地域产品保护规定》的基本框架。

2. 地理标志产品保护的申请、审批程序

2005 年 7 月 1 日起实施的《地理标志产品保护规定》对地

理标志产品保护的申请与审批程序作了详细具体的规定。

（1）申请与受理。地理标志产品保护申请，由当地县级以上人民政府指定的地理标志产品保护申请机构或人民政府认定的协会和经营主体（以下简称申请人）提出，并征求相关部门意见。申请保护的产品在县域范围内的，由县级人民政府提出产地范围的建议；跨县域范围的，由地市级人民政府提出产地范围的建议；跨地市范围的，由省级人民政府提出产地范围的建议。申请人应提交以下资料：

①有关地方政府关于划定地理标志产品产地范围的建议。

②有关地方政府成立申请机构或认定协会、经营主体作为申请人的文件。

③地理标志产品的证明材料，包括：地理标志产品保护申请书；产品名称、类别、产地范围及地理特征的说明；产品的理化、感官等质量特色及其与产地的自然因素和人文因素之间关系的说明；产品生产技术规范（包括产品加工工艺、安全卫生要求、加工设备的技术要求等）产品的知名度，产品生产、销售情况及历史渊源的说明。

④拟申请的地理标志产品的技术标准。出口经营主体的地理标志产品的保护申请向本辖区内出入境检验检疫部门提出；按地域提出的地理标志产品的保护申请和其他地理标志产品的保护申请向当地（县级或县级以上）质量技术监督部门提出。

省级质量技术监督局和直属出入境检验检疫局，按照分工，分别负责对拟申报的地理标志产品的保护申请提出初审意见，并将相关文件、资料上报国家质检总局。

（2）审核与批准。国家质检总局对收到的申请进行形式审查。审查合格的，由国家质检总局在国家质检总局公报、政府网站等媒体上向社会发布受理公告；审查不合格的，应书面告知申请人。有关单位和个人对申请有异议的，可在公告后的2个月内向国家质检总局提出。

国家质检总局按照地理标志产品的特点设立相应的专家审查委员会，负责地理标志产品保护申请的技术审查工作。国家质检总局组织专家审查委员会对没有异议或者有异议但被驳回的申请进行技术审查，审查合格的，由国家质检总局发布批准该产品获得地理标志产品保护的公告。

三、中国名牌农产品的申请、评选认定程序

（一）中国名牌农产品的申请

根据农业部2007年9月发布的《中国名牌农产品管理办法》，中国名牌农产品评选认定工作坚持“自愿、无偿、客观、公开、公正、公平”的原则。只有依法获得“中国名牌农产品”称号的农产品，才可以使用“中国名牌农产品”称号与标志。

1. 受理机关

申请人应当向所在省（自治区、直辖市及计划单列市）农业行政主管部门提出申请，并提交申报材料。

2. 申请人应具备的条件

申请“中国名牌农产品”称号的申请人，应具备下列条件。

（1）具有独立的经营主体法人或社团法人资格，法人注册地址在中国境内。

（2）有健全和有效运行的产品质量安全控制体系、环境保护体系，建立了产品质量追溯制度。

（3）按照标准化方式组织生产。

（4）有稳定的销售渠道和完善的售后服务。

（5）近三年内无质量安全事故。

3. 产品应具备的条件

申请“中国名牌农产品”称号的产品，应具备下列条件。

(1) 符合国家有关法律法规和产业政策的规定。

(2) 在中国境内生产，有固定的生产基地，批量生产至少三年。

(3) 在中国境内注册并归申请人所有的产品注册商标。

(4) 符合国家标准、行业标准或国际标准。

(5) 市场销售量、知名度居国内同类产品前列，在当地农业和农村经济中占有重要地位，消费者满意程度高；质量检验合格。

(6) 食用农产品应获得“无公害农产品”、“绿色食品”或者“有机食品”称号之一。

(7) 产品是省级名牌农产品。

(二) 中国名牌农产品评选认定程序

根据农业部2007年9月发布的《中国名牌农产品管理办法》，中国名牌农产品实行年度评审制度。农业部成立中国名牌农产品推进委员会（以下简称名推委），负责组织领导中国名牌农产品评选认定工作，并对评选认定工作进行监督管理。

1. 申请

申请人向所在省（自治区、直辖市及计划单列市）农业行政主管部门提出申请，并提交申报材料。

2. 审查

省（自治区、直辖市及计划单列市）农业行政主管部门负责申报材料真实性、完整性的审查。符合条件的，签署推荐意见，报送名推委办公室。

3. 评选

名推委办公室组织评审委员会对申报材料进行评审，形成推荐名单和评审意见，上报名推委。

名推委召开全体会议，审查推荐名单和评审意见，形成当年度的中国名牌农产品拟认定名单，并通过新闻媒体向社会公示，广泛征求意见。

4. 审核认定

名推委全体委员会议审查公示结果，审核认定当年度的中国名牌农产品名单。

5. 公告

对已认定的中国名牌农产品，由农业部授予“中国名牌农产品”称号，颁发《中国名牌农产品证书》，并向社会公告。

中国名牌农产品证书的有效期为三年，有效期满要继续使用中国名牌农产品称号的，应当重新提出申请。

依法保护农产品注册商标、地理标志和知名品牌已被写进了2007年1月的“中央1号文件”。国务院副总理吴仪在出席世界地理标志大会时指出，运用地理标志保护和发展农产品，促进农产品的增值和规模经营，有效地促进了农业增效、农民增收和农村发展，为中国解决“三农”问题找到了一个很好的切入点。

第五章　增强新型职业农民的道德意识与法律意识

第一节　新型职业农民的道德意识

一、道德的分类

由于社会生活的千姿百态，道德也存在不同的分类。①根据时代背景的不同，可分为原始社会道德、奴隶社会道德、封建社会道德、资本主义社会道德、社会主义社会道德和共产主义社会道德；②根据道德主体的不同，可分为学生道德、公务员道德、科技工作者道德、教师道德和医师道德等；③根据道德的性质不同，可分为职业道德、家庭美德和社会公德。这里主要谈一下社会公德和家庭美德。

（一）社会公德

当你拥有中华人民共和国的国籍，并享有和承担法律所规定的权利和义务时，你就是中华人民共和国的公民了。一个公民在人生的舞台上，要扮演各种各样的角色。比如，作为一名中职生，你不仅仅在学校是学生，在家庭中还要为人子女，在公共场所还可能是顾客、路人……作为一个合格的公民，必须要适应社会生活中的角色要求和规定。而公共生活领域的道德规范是公民首先要学习和遵守的基本社会规范。社会公德就是公民在社会公共生活领域中所必须履行和遵守的道德规范的总和。

《公民道德建设实施纲要》指出，“大力倡导以文明礼貌、助人为乐、爱护公物、保护环境、遵纪守法为主要内容的社会公德”，为社会公德建设提出了基本的规范要求，也是每一个公民在公共生活中必须遵守的道德要求和准则。

1. 文明礼貌、助人为乐

社会公德规范要求的中心内容是围绕着人与人之间的利益关系而展开的，作为公共生活中简单的、基本的要求，文明礼貌、助人为乐从最基本的层面反映了人与人之间最基本的道德要求。

社会公德作为社会公共生活准则，主要是围绕着人的基本生存价值要求而展开的，关于人与人之间的互相尊重、互相关心、互相帮助的内容要求，最直接地体现在社会公共生活领域。“文明礼貌、助人为乐”的规范要求，正是体现了尊重人和关心人的基本内涵，正是反映了公共生活交往中最基本的道德要求。“文明礼貌”实际上就是尊重人的体现，因此在日常交往中应以尊重人为原则，不能不讲文明礼貌，也不能礼仪失度；“助人为乐”是关心人、帮助人的体现，既要做到关心、帮助他人，又要尊重他人的权利。在公共生活中还有处理具体的人与人之间的关系的具体公德要求。在处理个人与他人关系方面的公德要求是：平等相待、尊重他人、行为文明、礼貌待人。

日常生活中个人与他人的关系多指个人与同学、老师、与外界人群的人际关系，这就要求在待人接物方面必须要讲求文明礼貌，平等待人。体现在处理私人关系方面的公德要求，包括尊老爱幼、助人为乐、互相尊重、诚实守信等。日常生活中的私人关系多指亲友、师生、同学、朋友、邻里等有密切交往的人际关系。处理这些方面的关系的准则包括助人为乐、坦诚相待等。另外，在处理人与人之间的某些特定关系时要求发扬人道主义精神，关心和帮助他人。这主要指对待儿童、孕妇、老人、军烈属及鳏寡孤独、残疾人时，要有仁慈、互助、友爱的精神和要求。这就是说，既要尊重他人的价值和尊严，又要帮助他人解决生活上的疾苦，关心和照顾他人。

2. 保护环境、遵纪守法

社会公德规范要求也是公共生活中处理人与社会关系的基本要求，“爱护公物、保护环境、遵纪守法”等就是其规范要求。

在公共场所活动，社会公德规范要求遵守公共场所的纪律，爱护公物，行为文明，爱护周围环境。在日常生活中，人与环境关系的调节，主要体现在公共生活领域，因此，维护人文环境、人造环境是环境保护原则的重要内容。社会公德作为对人们在公共生活中的行为和意识的规范与调节，需要对人们交往的公共场所、人文环境进行保护。此外，自觉维护自然资源环境，也是当代社会对公民提出的最起码的道德要求。

长期以来，人类在与自然环境的关系上，常常片面地追求自身的利益，而忽视了人与自然、人与环境的协调关系，造成了环境的破坏与生态的失衡。因此，爱护自然、保护环境已成为当今时代迫切的道德课题。《公民道德建设实施纲要》将“保护环境”作为一项重要的社会公德准则提出来，具有十分重要的现实意义。在当代新技术革命日益发展的前提下，人与自然、人与环境的关系，不单纯是物质交换的关系，而是已纳入社会过程中的社会性的交往关系。环境是人类赖以生存和交往的基础，自然环境不仅为人类生存提供最基本的物质条件，而且不断地为人类的生存和发展需要提供物质资源。因此，环境保护原则的提出，目的就在于使人类生存环境得到合理的保护和利用，协调人与自然的关系，促进人与环境的和谐发展。随着人类认识到人与自然、人与环境的相互依存关系的重要性，需要以人与环境的和谐发展为目标来调节和约束人们的行为，这是对以往道德规范和准则的补充和发展。调节人与自然环境的关系的社会公德的具体内容十分丰富，但不管何种内容，都应体现“环境保护”这一基本原则。要真正认识到环境保护是每一个公民应尽的责任和义务。只有人人都爱护环境、保护环境，人与人、人与社会、人与自然和谐共同发展的目标才能实现。

遵纪守法、遵守社会公共秩序、维护社会生活的安定也是公民的基本道德义务。从形式上看，公共秩序的维护有成文和不成文两种形式，不成文的公共秩序的维持主要是靠人们自觉的内心信念和社会舆论的力量，而法律是成文的、并带有一定强制性的规则，目的就是为了维护社会生活的安定。因此，遵纪守法是一个公民最基本的规范要求，也是社会公德的最低的规范要求。

(二) 家庭美德

家庭美德是每个公民在家庭生活中应该遵守的行为准则，涵盖了夫妻、长幼、男女、邻里之间的关系。它包括尊老爱幼、男女平等、夫妻和睦、勤俭持家、邻里团结。家庭美德建设不但有利于家庭成员的健康成长，有利于家庭的美满幸福，也有利于社会的和谐稳定。

家庭美德的基本规范是：

1. 尊老爱幼

中国自古就是一个非常讲求父慈子孝的国度，“老吾老以及人之老，幼吾幼以及人之幼”的观念深入人心，反映了人们对需要给予特别关爱的老人和儿童的深厚情感，因而成为世代相传的道德格言。

2. 男女平等

男女平等是我国的法律原则和道德规范，也是我国的基本国策。家庭生活中的男女平等既表现为夫妻权利和义务上的平等、人格地位上的平等，又表现为平等地对待自己的子女。在夫妻关系上的男尊女卑，在子女问题上的重男轻女，都是在传统宗法社会中所形成的落后道德观念。

3. 夫妻和睦

夫妻是家庭的主要成员，夫妻关系是家庭关系的核心。忠于爱情、互敬互爱，是夫妻和睦、婚姻美满的基础。中国历来用“相敬如宾”、“琴瑟和谐”，以及“比翼鸟”、“连理枝”等来比喻和形容夫妻之间的和睦关系。

4. 勤俭持家

勤俭是家庭兴旺的保证，也是社会富足的保证。常言道“勤是摇钱树，俭是聚宝盆，奢懒败家门”。勤俭持家既要做到努力工作，勤劳致富，又要做到量入为出，节约开支。

5. 邻里团结

邻里之间既无血缘关系又无法定关系，而是一种地缘关系。在日常生活的广泛联系中，邻里关系处理得好，可互相帮助，互为依靠，得“远亲不如近邻”之利；邻里关系处理不好，矛盾丛生，纠纷不断，则会受“恶邻相向”之害。

二、道德基本规范的内涵

《公民道德建设实施纲要》虽将我国公民道德的基本规范表述为5句话、20个字，但实际上概括的是10个道德规范，即每一句话由两个规范组成，分解开来看，就成为：爱国、守法、明礼、诚信、团结、友善、勤俭、自强、敬业、奉献。

在推进公民道德建设的过程中，在使这些基本道德规范家喻户晓、人人皆知、人人皆行的过程中，一件十分重要的工作就是要对这些规范作出恰当的解说。

（一）“爱国”的要求

“爱国”规范对公民的基本道德要求，应当包括两个方面：一是要牢固树立中华民族的意识和国家利益至上的意识，自觉维护祖国的独立、统一、尊严和利益；二是要为把中国建设成为富强、民主、文明的社会主义国家做力所能及的贡献。

（二）“守法”的要求

“守法”规范对公民的基本道德要求，在于强调公民守法不只是出于对法律的畏惧，更重要的是出于对法律的自觉认同；强调一个有道德的公民，应当积极地学法、懂法和按法律办事。

（三）“明礼”的要求

“明礼”规范对公民的基本道德要求，从狭义上讲，就是讲究起码的礼节、礼仪和礼貌，在公共场合、职业场所和家居生活中，言行举止得体、适宜；从广义上讲，就是讲文明，特别是遵守社会公德，如爱护公共财物、维护公共秩序、遵守交通规则、不随地吐痰、不乱扔垃圾、不大声喧哗等。

（四）“诚信”的要求

“诚信”规范对公民的基本道德要求，基本内涵是诚实、诚恳、信用、信任，也就是忠诚老实，诚恳待人，以信用取信于人，给予他人以起码的信任。

（五）“团结”的要求

“团结”规范对公民的基本道德要求，基本内容是强调在追求共同理想目标的基础上，公民通过弘扬集体主义精神和团队精神，形成各个行业、各个部门、各个单位、各个人群的凝聚力，最终汇集为全民族、全社会的凝聚力。

（六）“友善”的要求

“友善”规范对公民的基本道德要求，基本内容是友好、友谊、友情、善良、善意、与人为善等，强调人与人之间的互相关心、互相帮助、互相爱护、互相谦让的和谐关系。

（七）“勤俭”的要求

“勤俭”规范对公民的基本道德要求，基本内容是勤劳、勤奋、勤快、俭朴、节俭等，强调立足于中国人口多、耕地少、人均资源有限等国情，深刻认识到勤俭建国、勤俭持家对于中国经济社会的可持续发展，对于中华民族的伟大复兴的重大战略意义。

（八）“自强”的要求

“自强”规范对公民的基本道德要求，基本内容是自尊、自励、自立，强调生命不息、奋斗不止、刚健有为、积极进取的拼搏精神。

（九）“敬业”的要求

“敬业”规范对公民的基本道德要求，基本内容是忠于职守、精益求精、德艺双馨、恪守职业道德。强调职业可以有分工不同，却没有高低贵贱之分。对职业的敬重是职业责任感的前提条件，也是自觉履行职业道德的前提条件。

（十）“奉献”的要求

“奉献”规范对公民的基本道德要求，基本内容是克己奉公、服务社会、助人为乐、造福于人。它既提倡高境界的对社会、对他人的无私奉献精神，又强调每个公民首先应立足于自己的社会角色和职业分工，尽己所能，做到“岗位奉献”。

第二节　新型职业农民应懂的农业法规

农业法规是指由国家权力机关、国家行政机关以及地方机关制定和颁布的，适用于农业生产经营活动领域的法律、行政法规、地方法规以及政府规章等规范性文件的总称。目前，我国的农业法规体系已经基本形成，可以分为以下几个方面。

一、农业基本法规

农业基本法规主要是《中华人民共和国农业法》（以下简称《农业法》）。

1993 年 7 月 2 日第八届全国人大常委会第二次会议通过了《农业法》，以法律的形式，把十一届三中全会以来关于农业发展的一系列行之有效的大政方针进一步规范化、法律化。这是中国农业发展史上第一部农业大法。2002 年 12 月 28 日九届全国人大常委会第 31 次会议对《农业法》重新进行修订，并于 2003 年 3 月 1 日起施行。农业法修改制定，体现了“确保基础地位，增加农民收入”的总体精神，对保障农业在国民经济中的基础地位，发展农村社会主义市场经济，维护农业生产经营组织和农业劳动者的合法权益，促进农业的持续、稳定、协调发展，实现农业现代化，起到了重要的作用。

二、农业资源和环境保护法

农业资源和环境保护法包括《中华人民共和国土地管理法》、《中华人民共和国森林法》《中华人民共和国草原法》《中华人民共和国渔业法》《中华人民共和国水法》《中华人民共和国水土保持法》《中华人民共和国水污染防治法》《中华人民共和国野生动物保护法》《中华人民共和国防沙治沙法》等法律，以及《基本农田保护条例》《草原防火条例》《中华人民共和国水产资源繁殖保护条例》《中华人民共和国野生植物保护条例》《森林采伐更新管理办法》《野生药材资源保护管理条例》《森林防火条例》《森林病虫害防治条例》《中华人民共和国陆生野生动物保护实施条例》等行政法规。

三、促使农业科研成果和实用技术转化的法律

促使农业科研成果和实用技术转化的法律包括《中华人民共和国农业技术推广法》《中华人民共和国植物新品种保护条例》《中华人民共和国促进科技成果转化法》等法律及行政法规。

四、保障农业生产安全方面的法律

保障农业生产安全方面的法律包括《中华人民共和国防洪法》《中华人民共和国气象法》《中华人民共和国动物防疫法》《中华人民共和国进出境动植物检疫法》等法律，以及《农业转基因生物安全管理条例》《水库大坝安全管理条例》《中华人民共和国防汛条例》《蓄滞洪区运用补偿暂行办法》等行政法规。

五、保护和合理利用种质资源方面的法律

保护和合理利用种质资源方面的法律包括《中华人民共和国种子法》《种畜禽管理条例》《农药管理条例》《兽药管理条例》《饲料和饲料添加剂管理条例》等。

六、规范农业生产经营方面的法律

规范农业生产经营方面的法律包括《中华人民共和国农村土地承包法》《中华人民共和国乡镇企业法》《中华人民共和国乡村集体所有制企业条例》《中华人民共和国农民专业合作社法》等。

七、规范农产品流通和市场交易方面的法律

规范农产品流通和市场交易方面的法律包括《粮食收购条例》《棉花质量监督管理条例》《粮食购销违法行为处罚办法》等行政法规。

八、保护农民合法权益的法律

保护农民合法权益的法律包括《中华人民共和国村民委员会组织法》《中华人民共和国耕地占用税暂行条例》。

九、《中华人民共和国宪法》

《中华人民共和国宪法》是国家的根本法，它规定了国家的根本制度和根本任务，具有最高的法律效力。

全国各族人民、一切国家机关和武装力量、各政党和各社会团体、各企业事业组织，都必须以宪法为根本的活动准则，并负有维护宪法尊严、保证宪法实施的职责。一切法律、行政

法规、地方性法规都不得同宪法相抵触。制定法律、法规、地方性法规都必须以宪法为依据和基础。

我国现行宪法是1982年的，也是新中国成立后的第四部宪法。1988年、1993年、1999年和2004年，全国人民代表大会又对这部宪法进行了四次补充修正。

十、社会保险法

狭义的社会保险法指《中华人民共和国社会保险法》，广义的社会保险法包括全国人大及其常委会、国务院、社会保险事务主管部门颁布的调整社会保险关系的所有法律、法规、规章及其他规范性文件。

社会保险包括养老保险、医疗保险、工伤保险、失业保险和生育保险。

养老保险可以让劳动者在到国家规定的退休年龄或因年老丧失劳动能力情况下，从国家和社会得到经济收入、物质帮助和服务。我国养老保险制度由城镇职工基本养老制度、企业补充养老保险制度、农村居民养老保险制度和公职人员退休制度组成。

医疗保险是国家可以补偿劳动者因疾病风险造成的经济损失。我国目前的基本医疗保险制度由城镇职工基本医疗保险制度、城镇居民基本医疗保险制度和农村居民新型农村合作医疗制度组成。

工伤保险可以对在生产、工作中遭受意外伤害或患职业病导致暂时或永久性丧失劳动能力的劳动者，以及对职工死亡后无生活来源的近亲属给予物质帮助。工伤保险制度是社会保险制度的重要组成部分，具体我们可以再学习《工伤保险条例》等。

失业指有劳动能力并有劳动意愿的劳动者得不到劳动机会或就业后又失去工作。失业保险制度是国家对非本人意愿中断就业而失去生活来源的劳动者提供物质帮助和就业服务。我国现行失业保险制度的基本框架由1999年颁布的《失业保险条例》、2010年颁布的《社会保险法》等确立。

生育保险是指国家或用人单位对职业妇女因生育而中断劳动期间给予必要生活保障和物质帮助。通过向生育职工提供医疗服务、产假和生育津贴等方面待遇，使她们因生育而暂时中断劳动时的基本经济收入和医疗需求得到保障。我国现行城镇职工生育保险制度框架主要由《女职工劳动保护特别规定》、《企业职工生育保险试行办法》和《社会保险法》确立。农村生育保障制度建立的标志是2002年中共中央、国务院颁布的《关于进一步加强农村卫生工作的决定》。

十一、婚姻法

婚姻法是调整婚姻家庭关系的基本准则。它调整的范围既包括婚姻关系，又包括家庭关系；既有婚姻家庭关系的发生、变更和终止，也有婚姻家庭关系主体间的权利义务。

有关婚姻家庭的法律规范包括《婚姻法》《中华人民共和国收养法》《中华人民共和国继承法》《婚姻登记条例》等。此外，我国的《中华人民共和国宪法》《中华人民共和国妇女权益保障法》《中华人民共和国未成年人保护法》《中华人民共和国老年人权益保障法》《中华人民共和国民法通则》等法律、法规也规定有婚姻家庭关系方面的内容。

我国目前施行的《中华人民共和国婚姻法》是2001年4月28日修正的。这部婚姻法分6章，共51条，对我国公民的婚姻原则、结婚年龄、夫妻之间的权利与义务、父母与子女之间的关系，以及离婚原则、离婚后子女的抚养，救助措施等问题，都作了明确规定。

我国婚姻法的基本原则主要有：①婚姻自由。无论是结婚还是离婚，均不受任何人的强迫和干涉。②一夫一妻。一个人只能有一个配偶，任何人，不论其地位高低、财产多少，都不得同时拥有两个或两个以上的配偶。任何已婚者，在其配偶死亡或者与配偶离婚以前，都不得再行结婚。③男女平等。指男女在婚姻家庭中享有平等的权利，负担平等的义务。④保护妇女、儿童和老人的合法权益。体现了法律保护弱者、昭示公平的特点。⑤计划生育。实行计划生育是我国的一项国策。国家干部、企事业单位的职工、城镇及农村居民都应自觉实行计划生育。

婚姻法是人们在婚姻、家庭关系各个方面必须遵循的准则。

十二、治安管理处罚法和刑法

《中华人民共和国刑法》是规定哪些行为是犯法、犯罪行为的具体刑事责任以及犯罪应受到的刑法处罚的法律。

《治安管理处罚法》是规定哪些行为是违反治安管理以及对这些行为如何处罚的法律。

学习这些法律是我国公民进行自我保护的一个重要方面。

十三、工会法

工会是职工自愿结合的工人阶级的群众组织。工会的基本职责是维护职工合法权益。

工会法是调整工会与政府、工会与用人单位、工会与会员和职工以及工会与其他组织关系的法律规范的总称。我国第一部《中华人民共和国工会法》是1950年由中央人民政府颁布的，目前，施行的是2001年修正的《中华人民共和国工会法》。

凡在中国境内的企业、事业单位、机关和其他社会组织中，以工资收入为主要生活来源或者与用人单位建立劳动关系的体力劳动者和脑力劳动者，不分民族、种族、性别、职业、宗教信仰、教育程度，承认工会章程，都可以加入工会为会员。任何组织和个人不得阻挠和限制。

这里所说的“参加工会”，是指劳动者依法申请加入已经成立于用人单位里的基层工会或者这些单位之外的基层工会联合会；而“组织工会”，是指劳动者可以依法在尚未建立工会组织的用人单位里中组建基层工会或者可以在这些单位之外联合组建基层工会。根据《中华人民共和国劳动合同法》第六十四条的规定，被派遣劳动者有权在劳务派遣单位或者用工单位依法参加或者组织工会，维护自身的合法权益。

第三节　农民专业合作社的政策法规

农民专业合作社作为新型农业经营主体，正在我国广大农村蓬勃发展，成为当前农村改革和经济发展的一个亮点。农民专业合作社作为农民自愿组成的组织，如何才能更好地为成员提供综合性服务？

自2007年7月1日实施《中华人民共和国农民专业合作社法》（以下简称《农民专业合作社法》）以来，农民合作社迅速发展。到2014年9月，全国在工商部门登记的农民专业合作社已达91.1万家，入社农户6 838万户，占全国农户总数的26.3%。

一、农民合作社的性质及作用

（一）民办民管民受益

农民专业合作社是在农村家庭承包经营基础上，同类农产品的生产经营者或者同类农业生产经营服务的提供者、利用者，自愿联合、民主管理的互助性经济组织。以其成员为主要服务对象，提供农业生产资料的购买，农产品的销售、加工、运输、贮藏以及与农业生产经营有关的技术、信息等服务。合作社成员以农民为主体，以为成员服务为宗旨，成员地位平等，实行民主管理，谋求全体成员的共同利益，盈余主要按照成员与农民专业合作社的交易量（额）比例返还。所以，农民合作社是“民办民管民受益”。

（二）做一家一户做不了的事

我国农户承包经营的土地规模小，平均每户只有七八亩地。许多事情一家一户做不了，或者做起来不划算。

农民专业合作社的发展，提高了农民的组织化程度，为农业机械化提供了条件。为解决这个难题找到了一条途径。据农业部统计，截至2011年底，农民专业合作社转入的土地面积达3 055万亩，占全国耕地流转总面积的13.4%。

许多地方成立了农机专业合作社，为农户提供耕种、病虫害防治、收获等生产服务。

（三）保护农民合法的承包权

据国家统计局信阳调查队范宝良对100个农户进行的土地承包经营权流转意向问卷调查，80%的农户虽然愿意流转土地承包经营权，但即使在有利益补偿或完善的社会保障的情况下，愿意放弃土地的农户只有40%。而在没有利益补偿的情况下，即使已经在城市工作和生活的农民工也不愿放弃土地权益。

二、农民合作社的权利

根据《农民专业合作社法》第十六条的规定，农民专业合作社的成员享有以下权利。

1. 享有表决权、选举权和被选举权

参加成员大会，并享有表决权、选举权和被选举权，按照章程规定对本社实行民主管理。

（1）参加成员大会。这是成员的一项基本权利。成员大会是农民专业合作社的权力机构，由全体成员组成。农民专业合作社的每个成员都有权参加成员大会，决定合作社的重大问题，任何人不得限制或剥夺。

（2）行使表决权，实行民主管理。农民专业合作社是全体成员的合作社，成员大会是成员行使权力的机构。作为成员，有权通过出席成员大会并行使表决权，参加对农民专业合作社重大事项的决议。

（3）享有选举权和被选举权。理事长、理事、执行监事或者监事会成员，由成员大会从本社成员中选举产生，依照《农民专业合作社法》和章程的规定行使职权，对成员大会负责。所有成员都有权选举理事长、理事、执行监事或者监事会成员，也都有资格被选举为理事长、理事、执行监事或者监事会成员，但是法律另有规定的除外。在设有成员代表大会的合作社中，成员还有权选举成员代表，并享有成为成员代表的被选举权。

2. 利用本社提供的服务和生产经营设施

农民专业合作社以服务成员为宗旨，谋求全体成员的共同利益。作为农民专业合作社的成员，有权利用本社提供的服务

和本社置备的生产经营设施。

3. 按照章程规定或者成员大会决议分享盈余

农民专业合作社获得的盈余依赖于成员产品的集合和成员对合作社的利用，本质上属于全体成员。可以说，成员的参与热情和参与效果直接决定了合作社的效益情况。因此，法律保护成员参与盈余分配的权利，成员有权按照章程规定或成员大会决议分享盈余。

4. 查阅

查阅本社的章程、成员名册、成员大会或者成员代表大会记录、理事会会议决议、监事会会议决议、财务会计报告和会计账簿成员是农民专业合作社的所有者对农民专业合作社事务享有的知情权，他们有权查阅相关资料，特别是了解农民专业合作社经营状况和财务状况，以便监督农民专业合作社的运营。

5. 章程规定的其他权利

章程在同《农民专业合作社法》不抵触的情况下，还可以结合本社的实际情况规定成员享有的其他权利。

三、农民合作社的义务

农民专业合作社在从事生产经营活动时，为了实现全体成员的共同利益，需要对外承担一定义务，这些义务需要全体成员共同承担，以保证农民专业合作社及时履行义务和顺利实现成员的利益。

根据《农民专业合作社法》第十八条的规定，农民专业合作社的成员应当履行以下义务。

1. 执行成员大会、成员代表大会和理事会的决议

成员大会和成员代表大会的决议，体现了全体成员的共同

意志，成员应当严格遵守并执行。

2. 按照章程规定向本社出资

明确成员的出资通常具有两个方面的意义：

一是以成员出资作为组织从事经营活动的主要资金来源。二是明确组织对外承担债务责任的信用担保基础。但就农民专业合作社而言，因其类型多样，经营内容和经营规模差异很大，所以，对从事经营活动的资金需求很难用统一的法定标准来约束。而且，农民专业合作社的交易对象相对稳定，交易人对交易安全的信任主要取决于农民专业合作社能够提供的农产品，而不仅仅取决于成员出资所形成的合作社资本。由于我国各地经济发展的不平衡，以及农民专业合作社的业务特点和现阶段出资成员与非出资成员并存的实际情况，一律要求农民加入专业合作社时必须出资或者必须出法定数额的资金，不符合目前发展的现实。因此，成员加入合作社时是否出资以及出资方式、出资额、出资期限，都需要由农民专业合作社通过章程自己决定。

3. 按照章程规定与本社进行交易

农民加入合作社是要解决在独立的生产经营中个人无力解决、解决不好，或个人解决不合算的问题，是要利用和使用合作社所提供的服务。成员按照章程规定与本社进行交易既是成立合作社的目的，也是成员的一项义务。成员与合作社的交易，可能是交售农产品，也可能是购买生产资料，还可能是有偿利用合作社提供的技术、信息、运输等服务。成员与合作社的交易情况，按照《农民专业合作社法》第三十六条的规定，应当记载在该成员的账户中。

4. 按照章程规定承担亏损

由于市场风险和自然风险的存在，农民专业合作社的生产经营可能会出现波动，有的年度有盈余，有的年度可能会出现亏损。合作社有盈余时分享盈余是成员的法定权利，合作社亏损时承担亏损也是成员的法定义务。

5. 章程规定的其他义务

成员除应当履行上述法定义务外，还应当履行章程结合本社实际情况规定的其他义务。

四、国家支持扶持合作社的主要政策和项目

根据《农民专业合作社法》第 49 条至 52 条规定，农民专业合作社享有以下优惠政策。

（1）国家支持发展农业和农村经济的建设项目，可以委托和安排有条件的有关农民专业合作社实施。

（2）中央和地方财政应当分别安排资金，支持农民专业合作社开展信息、培训、农产品质量标准与认证、农业生产基础设施建设、市场营销和技术推广等服务。对民族地区、边远地区和贫困地区的农民专业合作社和生产国家与社会急需的重要农产品的农民专业合作社给予优先扶持。

（3）国家政策性金融机构应当采取多种形式，为农民专业合作社提供多渠道的资金支持。具体支持政策由国务院规定。国家鼓励商业性金融机构采取多种形式，为农民专业合作社提供金融服务。

（4）农民专业合作社享受国家规定的对农业生产、加工、流通、服务和其他涉农经济活动相应的税收优惠。财政部、国家税务总局《关于农民专业合作社有关税收政策的通知》还对

农民专业合作社享有的印花税、增值税优惠作出了具体规定：①农民专业合作社与本社成员签订的农业产品和农业生产资料购销合同免征印花税。②对农民专业合作社销售本社成员生产的农业产品，视同农业生产者销售自产农业产品免征增值税。③增值税一般纳税人从农民专业合作社购进的免税农业产品，可按 13% 的扣除率计算抵扣增值税进项税额。④对农民专业合作社向本社成员销售的农膜、种子、种苗、化肥、农药、农机，免征增值税。

第六章　提高科技水平，实现农业可持续发展

第一节　可持续发展农业的概念和内涵

一、可持续农业的概念

农学家认为“可持续农业”就是巩固绿色革命的成就，并把“可持续农业”同食品供应联系在一起。环境学家认为“可持续农业”意味着农业对环境的责任，只有保护大自然赐与人类的资源——森林、土壤、野生动植物等，才能达到食品和燃料的充分供应的目的。经济学家认为“可持续农业”意味着效益，不仅仅要求实现短期经济效益，而且要保证当代人类及子孙后代能够长期有效地使用不可多得的资源。社会学家认为“可持续农业”是一种社会价值观念的反映，人类的可持续发展必须结合传统文化和习俗等等。虽然人们对可持续农业的理解见仁见智，各有侧重，但基本意思都是相近的，即强调要以可持续发展的观点来看待人类生存和农业环境问题，以协调农业中经济、生产、人口与资源、环境的关系。

联合国粮农组织，提出了关于可持续农业与农村发展（简称SARD）的定义：管理和保护自然资源基础，调整技术和机制变化的方向，以便确保获得并持续地满足目前和今后世世代代

的需要。由此可见，可持续发展农业是一种能够保护和维护土地、水和动植物资源，不会造成环境退化，同时在技术上适当可行、经济上有活力、能够被社会广泛接受的农业。总的来说，可持续应包含密切相关的两个方面：一是保护人类及其后代能够在地球上继续生存与发展；二是保持资源的供需平衡和环境的良性循环。具体地讲，可持续农业是一种帮助农民科学地选择优良品种、土肥措施、排灌方式、病虫草害综合防治措施、栽培技术、作物轮作制度、农业与其他产业的合理配置，以降低生产和经营成本，增加农业产出，提高农民的净收入，以及永续利用资源和保护生态环境的农业。

二、可持续农业的目标

农业的可持续含义应包括农学的、环境的、社会的、经济的及政策的等多个方面。

（一）积极增加粮农生产，确保食物安全

要实现这一目标，就要积极改善农业生产条件和经营水平，适当增加对农业的投入，包括资金、物资及科学技术等的投入。尤其对于广大发展中国家来说，由于人口增长的压力，提高集约化程度以充分提高单位面积产量，确保粮食安全尤显重要。

（二）促进农村综合发展和增加农民收入，消除农村贫困状况

增加农民收入，扩大农村就业机会和脱贫致富，关键在于振兴农村经济，通过调整农村产业结构，逐步由以农业为主的单一结构，向农村工业、商业、运输业、建材业及信息产业、农村社会化服务行业综合经营的结构转化；逐步由生产初级产品的单一结构，向农产品深度加工、综合服务的结构转化。另

一方面，要努力提高农民素质，建立和健全农村社会化服务体系，改善农民生活环境，提高现代文明程度。

（三）合理利用和保护自然资源，维护和改善农业生态环境

实现这一目标，一方面要有效地控制生态环境的破坏和污染，增加农业对自然灾害的抵御能力；另一方面要高效、合理地利用资源，注意各项资源投入的效益，尤其对稀缺资源更要合理配置，并寻求替代途径。

应该指出，可持续发展的三个基本目标是相辅相成、不可分割的，即在合理利用资源和保护生态环境的基础上，努力增加产出，满足人类不断增长的物质需求，同时促进农村经济发展，提高农民收入，推动现代农业建设。

第二节　我国农业可持续发展概述

一、我国农业可持续发展的提升空间

（一）农业用水效率偏低

我国是世界上 13 个贫水国之一，同时也是水资源浪费大国。人均可再生淡水资源为 2 134立方米，远低于世界平均的 6 521立方米水平。我国农业用水量占总用水量的 73.4%（若考虑农村生活用水则占 81.7%）。2010 我国灌溉用水的利用系数只有 0.5，与发达国家 0.7～0.9 相比，差距很大。农作物水分生产率平均 1 千克/立方米左右，与以色列 2.32 千克/立方米相比，相差1 倍以上。

（二）农药使用量远高于国际平均水平

我国是世界第一农药生产和使用大国，且近年来单位耕地面积农药施用量呈现快速增加态势。1990 年我国农药使用量为 73.3 万吨，到 2010 年增加到 175.8 万吨。单位面积化学农药的平均用量比世界平均用量高 2.5～5 倍。每年遭受残留农药污染的作物面积达 12 亿亩。我国农药的过量施用在水稻生产中达 40%，在棉花生产中超过了 50%。农药残留超标已成为我国食品安全面临的主要问题之一，严重制约了我国农业可持续发展。

（三）化肥施用量远高于国际水平，效率低下

全国化肥施用量（折纯量）从 1978 年的 884 万吨增加到 2010 年 5 561万吨，化肥施用量位居全球第一。单位种植面积化肥施用量远高于世界平均水平。

（四）土地产出率远低于发达国家

我国土地产出率高于世界平均水平，但远低于发达国家水平。在粮食产出率方面，我国粮食由 1949 年的 1 026.45千克/公顷提高到 1998 年的 4 953千克/公顷。粮食产量每公顷虽然高于世界平均水平 1 500千克左右，但低于发达国家 6 000千克/公顷的平均水平。

二、实现农业可持续发展的原则和战略目标

农业是国民经济的基础，农业和农村经济发展的状况直接影响到整个国民经济的发展和社会稳定。农业可持续发展就是在合理利用资源与保护环境的同时，通过调整技术和结构改革方向，生产足够的食物与资源来满足当代人类及其后代对农产品的需求。与其他行业相比，农业对自然环境的依赖程度最高，环境要素对农业生产的贡献也最大，因为工业污染和城市的扩

张都会影响农业的可持续发展。农业可持续发展需要通过改变增长方式，提高土地生产率和劳动生产率，减少农业投入物带来的环境污染。此外人口的增长、劳动力素质的提高、科技推广、农业财政投入、农业贷款等也会促进农业的可持续发展。

（一）农业可持续发展的战略指导思想

根据中国国情，中国农业可持续发展应坚持以下指导思想：以改善生产条件、提高农业综合生产能力和增加农民收入为目标，针对干旱、水土流失、土壤贫瘠、滥垦乱开、经营粗放等突出矛盾，实行农艺、机械、生物、工程措施相结合，加强基本农田等基础设施建设，加大生态环境重点工程建设力度，大力推广先进实用的可持续农业技术，调整优化农业生产结构，保证农业综合生产能力的定与提高，把经济、社会和生态三大效益统一起来，逐步实现农业生态和经济良性循环，促进农业可持续发展。

（二）农业可持续发展的基本原则

1. 持续发展、重视协调与科技创新相结合的原则

以经济建设为中心，在推进经济发展的过程中，促进人与自然的和谐，重视解决人口、资源和环境问题，坚持经济、社会与生态环境的持续协调发展。

充分发挥科技作为第一生产力和教育的先导性、全局性和基础性作用，加快科技创新步伐，大力发展各类教育，促进可持续发展战略与科教兴国战略的紧密结合。

2. 政府调控与市场调节结合原则

充分发挥政府、企业、社会组织和公众四方面的积极性，政府要加大投入，强化监管，发挥主导作用，提供良好的政策

环境和公共服务，充分运用市场机制，调动企业、社会组织和公众参与可持续发展。

3. 积极参与、广泛合作与重点突破、全面推进结合的原则

加强对外开放与国际合作，参与经济全球化，利用国际、国内两个市场和两种资源，在更大空间范围内推进可持续发展。

统筹规划，突出重点，分步实施；集中人力、物力和财力，选择重点领域和重点区域，进行突破，在此基础上，全面推进可持续发展战略的实施。

（三）农业可持续发展的战略目标

农业可持续发展目标

自 1991 年联合国召开环境与发展大会后，世界上大多数国家都在制定本国的可持续发展战略。中国是世界上人口最多的发展中大国，中国以占世界 7% 的耕地，成功地养育占世界 22% 的人口，被称为世界经济史上的一大奇迹。但是，中国农业的发展也面临着生态和环境日趋恶化的严峻挑战。1994 年，我国制定和颁布了《中国 21 世纪议程——中国 21 世纪的环境与发展白皮书》(以下简称《中国 21 世纪议程》)，从我国的具体国情出发，提出了我国经济和社会可持续发展的总体战略。《中国 21 世纪议程》提出的中国农业与农村经济可持续发展的战略目标是：保持农业生产率稳定增长，提高食物生产和保障粮食安全，发展农村经济，增加农民收入，改变农村贫穷落后状况，保护和改善农业生态环境，合理永续地利用自然资源，特别是生物资源，以满足国民经济发展和人民生活的需要。上述战略目标可以简单概括为确保食物安全、发展农村经济和合理利用保护资源。

农业可持续发展是指在资源和环境可承载的前提下，既满

足当代人对农产品的需求，又不损害后代人满足其对农产品需求的能力，以较少的成本不断增加农产品的数量，并且质量有所提高的发展。这种发展的最大特点在于最大限度地保护和培植资源永续利用的能力、环境良性循环的能力、农业经济稳定持续发展的能力以及人、自然、农业、经济、社会和环境协调发展的能力。

农业可持续发展追求的具体目标如下。

(1) 实现粮食持续增产安全目标：积极增加粮食生产，既要考虑自力更生和自给自足的基本原则，又要考虑适当调剂和储备，稳定粮食供应和使贫困者有获得粮食的机会，妥善解决粮食问题，保障粮食安全（安全系数为库存储备粮占年需要量的17%～18%以上）。根据联合国粮农组织提出的“确保所有人在任何时候既能买得到又能买得起他们所需要的健康食品”，坚持从我国的实际出发，借鉴国际经验，把粮食生产、食物安全和提高农民收入列为我国种植业技术发展的长期目标和战略重点。

(2) 农村综合发展，完成平等致富目标：促进产业结构优化升级，减轻资源环境压力，改变区域发展不平衡，缩小城乡差距。通过国民经济结构战略性调整，完成从“高消耗、高污染、低效益”向“低消耗、低污染、高效益”转变，促进工农结合、缩小城乡差距，使广大农村共同走上富裕道路。

继续大力推进扶贫开发，进一步改善贫困地区的基本生产、生活条件，加强基础设施建设，改善生态环境，逐步改变贫困地区经济、社会、文化的落后状况，提高贫困人口的生活质量和综合素质，巩固扶贫成果，尽快使尚未脱贫的农村人口解决温饱问题，并逐步过上小康生活。

严格控制人口增长，全面提高人口素质，建立完善的优生优育体系和社会保障体系，基本实现人人享有社会保障的目标；社会就业比较充分；公共服务水平大幅度提高；防灾减灾能力全面提高，灾害损失明显降低。

形成健全的可持续发展法律、法规体系；完善可持续发展的信息共享和决策咨询服务体系；全面提高政府的科学决策和综合协调能力；大幅度提高社会公众参与可持续发展的程度；参与国际社会可持续发展领域合作的能力明显提高。

促进农村综合发展，开展多种经营，实行生产、加工、供销综合经营，扩大农村劳动力的就业机会，增加农民收入，特别要努力消除农村贫困的状况，以减轻工农之间、城乡之间，以及农村内部的不平等程度。

(3) 合理利用和保护农业资源，促进环境良性循环目标：可持续农业，是一种帮助农民科学地选择优良品种、土肥措施、病虫草害综合防治措施、栽培技术、作物轮作制度、农业与相应工业的合理配置，以降低生产和经营成本，增加农业产出，提高农民的净收入，以及持续利用资源和保护生态环境的农业。由于生态系统的生产率有一个上限，基本的生态原则要求我们清楚地认识到农业生产率是有明确权限的，所以生产和消费必须在生态可持续水平上达到平衡，即在农业生产持续发展的同时，必须注重资源与环境的保护，强调资源的持续利用是人类持续发展的基础。

切实采取政策与机构改革、技术创新和增加人力资本投资等各种有效措施，强化农业生产经营的物质基础，以利于合理利用、保护和改善资源环境的良性循环，建立并达成生态平衡的目标，满足人类社会不断繁衍和发展对永续利用资源的需要。全国大部分地区环境质量明显改善，基本遏制了生态恶化的趋势，重点地区的生态功能和生物多样性得到基本恢复，农田污染状况得到根本改善。合理开发和集约高效利用资源，不断提高资源承载能力，建成资源可持续利用的保障体系和重要资源战略储备安全体系。

第三节 农业可持续发展的措施与模式

一、农业可持续发展的技术对策、政策措施

（一）技术对策

目前，关于可持续农业的技术措施主要有：有效地利用所有生产投入，以替代那些主要依赖矿物燃料或可再生资源而产生的技术；通过明确土壤、作物、病虫害环境中各种生物组成的结构，来增加生产体系对生物组成的依赖度；有效地利用生产体系中的养分和水分循环；利用基因工程来改良作物或农畜种类，以适应环境，而不是通过高投入来形成一种生物可以适应的环境；加强对产量高、质量优、适应性广的各种优良农作物、林木、畜禽和水产品种的研究，增强它们对不良环境的适应能力；保护生物多样性和遗传资源，创造遗传上更多样性的生产体系，以充分利用生长期每个过程中的养分和水分；增加作物轮作的应用，使种植业和畜牧业在一个生产体系中运转，促进养分循环；强调更有效而合理地利用化肥和农药，将化肥和农药的使用量控制在不对环境造成污染、不对农产品质量造成危害的限度内；保持土壤有机质含量，改善土壤结构，尊重土壤的生产能力，将土地用于最适合的目的与作物上，探索和推广农林作物用养结合、相互促进的耕作制度，以培养地力，改良土壤，提高土地生产力；实行病虫害综合防治，利用生物

技术、耕作技术，使用微生物农药，选用抗病虫害能力强的品种，并通过法规和经济激励措施，控制和减少化学农药的使用，加强对农作物病、虫、草、鼠害的综合防治，特别是加强对突发性、毁灭性病虫害的预测和防治；加强重大自然灾害如洪水、干旱、台风、冰S、低温冻害的预测与防御；发展农业节水技术，包括喷灌、滴灌和管道灌溉技术。

目前，发达国家可持续农业在耕作方面所采取的主要措施和做法有以下几个方面。

(1) 作物自然耕作法，所谓作物自然耕作法，就是不依赖化学物质，而是靠土壤自身的作用，来培育作物的农业生产方法。自然耕作法利用农业自然生产关系，帮助农田清除杂草，帮助农作物抵抗病虫害，并通过大自然保持和提高土壤肥力，向农作物提供所需要的养分。自然耕作法目前采用的技术措施主要有农作物轮作和农牧业生产综合经营。

农作物轮作。轮作是可持续农业的关键环节之一。实行农作物轮作，不仅能更有效地控制病虫害和杂草，提高土壤中含氮量和有机质，增加水分和养分的来源，而且可以减少化肥和农药的施用量，代之以动物的粪便和绿肥，还可以起到控制水土流失的作用。因此，通过不同作物的轮作，可以达到提高产量、降低生产成本、改善土壤质量的目的。例如，在美国，农民采用农作物轮作法，种完一茬根瘤菌作物如大豆、苜蓿之后，再种粮食作物，其产量比连续种植粮食作物的产量要高10% ~20%。

农牧业生产综合经营。将种植多种农作物和饲养牲畜结合起来，既促进种植业和畜牧业的相互利用和相互补充，形成种植业和畜牧业的良性循环，又可以避免经营单种作物可能遇到的风险。美国国家科学院农业委员会对俄亥俄州的一个农牧业综合经营农场的调查表明，该农场已经多年未施用化肥和杀虫剂，但玉米产量比当地普通农场高30%，大豆高40%。该农场的做法是通过轮种玉米、大豆、谷物和苜蓿来提高土地肥力，用机械耕作来除杂草，利用玉米、大豆作饲料喂养牲畜，再用牲畜粪便来提高农作物产量，降低生产成本。

（2）保护耕作法。土壤翻耕分常规翻耕和保护性翻耕两种。保护性翻耕就是根据不同地区土壤类型和农作物种类的不同，采取不同的耕作方式，包括免耕法、条耕法、生态休闲法、覆盖耕法、减速耕法和垄耕法等。例如，采用免耕法种植玉米、高粱、大豆等作物，能使中等坡地的土壤流失减少90%。垄耕法是最受关注的耕作方法之一，这种方法的优点是通过残茬削减径流，减轻侵蚀，增加水分的渗入能力，阻止水分流失，节省能源和人力，提高土壤肥力等。

（3）新型种植法。实行等高种植等新型种植法，可以有效地保护土壤水分、有机质和养分，既防止土壤侵蚀，又提高作物产量。

（4）病虫害综合防治法。过多使用农药不仅降低产量，而且误杀病虫害天敌，还使病虫害产生抗药性。病虫害综合防治将化学农药的使用与生物技术防治及新耕作技术等非化学手段配合起来，使病虫密度降低，而不致发生经济灾害，并最大限度地减轻对其他物种特别是有益生物的损害。

（二）政策措施

为有效实施农业可持续发展战略，近年来已初步建立起由国家、省、市、县四级组成的农业、林业和水利等部门的资源管理、环境保护、生态环境监测以及技术推广体系。具体的政策措施有以下几个方面。

1. 资源管理

20 世纪 90 年代以来，政府采取了一系列措施，制定《水土保持法实施条例》和《基本农田保护条例》，加强对农业资源的保护，并提高农业资源的使用效率，确保资源环境的合理利用和开发。

(1) 实行永久性农田保护制度，把耕地划为基本农田保护区。

(2) 实施“沃土计划”，提高土壤肥力。增加有机肥投入，提高科学施肥水平，改革耕作制度，防止土地退化，提倡秸秆还田。

(3) 每年七八两个月实行禁捕休渔制度，使渔业资源得到有效保护。

(4) 制定全国旱作节水农业规划，建设旱作节水农业示范基地，提高农业生产水平、改善生态环境。

2. 环境保护

在环境保护方面，实行“预防为主，防治结合”、“谁污染谁治理，谁开发谁保护”和“强化环境管理”的三大政策，制定《基本农田保护区环境保护规程》。主要措施如下。

(1)《关于环境保护若干问题的决定》指出，加强对乡镇企业环境管理，大幅度提高乡镇企业处理污染能力，发展生态农业，控制化肥、农药、农膜等对农田和水源的污染。

(2) 为解决作物秸秆焚烧带来的污染问题，在重点高速公路两侧以及重点城市机场附近，农业部门大力开展了秸秆气化的试点示范工作。

(3) 为解决大型畜禽养殖场的粪便不经无害化处理直接排入江河湖泊造成水体污染的问题，农业部与国家环境保护总局制定了《畜禽养殖业污染物排放标准》，并于2000年作为国家标准颁布实施。

(4) 为解决农业白色污染问题，农业部门推广了农膜回收和生物防治、合理利用农药化肥等技术。

(5) 加强渔业环境监测和监督管理，改善渔业生态环境。1995年国家在淮河流域实施了控制污染、保护环境的行动。1997年国家又在太湖流域实施“太湖水污染防治计划”。农业部门每年都对重要渔业水域环境进行常规性监测，同时对污染渔业事故开展应急性监测，及时掌握海洋渔业环境状况和渔业受污染损失的状况，加强监督检查养殖水域环境、渔业船舶排污情况，及时调查处理污染渔业水域事故。

(6) 为治理淮河流域农业污染，关闭了淮河上游污染严重的小造纸厂、小皮革厂，乡镇企业污染得到很好的控制。

3. 生态建设

《中共中央关于农业和农村工作若干重大问题的决定》强调指出“要大力植树种草，加快流域综合治理，加强水源涵养、水土保持，提高防御风沙能力，切实改变江河泥沙严重淤积、草原沙化的状况”。为改善生态环境，近年来国家实施了几项大型生态建设工程。

(1) 植树造林，绿化工程。我国先后开始了三北、长江、平原、沿海防护林、太行山绿化、防治荒漠化、黄河中游、辽河流域、珠江流域和淮河太湖防护林工程等十大生态林业工程建设，使我国部分地区的生态环境得到明显改善。

(2) 水土保持工程。为了加快大江大河太湖的综合治理步伐，国家重点支持长江三峡、黄河小浪底等骨干工程建设，还先后进行了黄河中游水土保持、长江中上游水土保持工作。

（3）生态农业工程。政府提出“大力发展生态农业，保护农业生态环境”，针对生态环境恶化和水土流失加剧问题，推进生态农业示范县建设，强调生态农业示范县建设要与小流域综合治理相结合，把耕地逐步建成高产稳产农田。

自20世纪80年代初我国提出发展生态农业的思路以来，生态农业建设逐渐开展，经过十多年的努力，生态农业建设取得了显著的经济效益、社会效益和生态环境效益。

目前，全国开展生态农业建设的县、乡、村已达到2 000多个，遍布全国30个省、市、自治区，生态农业建设面积660多万公顷，占全国耕地面积7%左右。据对多个国家级生态农业示范县的不完全统计，通过近5年建设，粮食总产年均增长8.42%，总产值年均增长7.9%以上，农民人均纯收入年均增长18.4%。同时农业生态环境明显改善，水土流失得到初步控制，农业抗灾能力和持续发展的后劲得到了稳步提高。

（4）能源生态建设工程。我国农村地区能源供应主要以生物质资源为主，能源的短缺，导致农民生活与生态环境保护矛盾突出，尤其是中西部地区，能源短缺是造成植被破坏和生态环境恶化的重要原因。

围绕解决这一矛盾，农业部门组织开展了农村可再生能源利用建设，实施能源环境工程，按照“因地制宜、多能互补、综合利用、讲究效益”和“开发与利用并重”的方针，经过多年努力，有效地缓解了农村地区能源短缺，对保护植被和改善生态环境起到了积极作用。特别是省柴灶、太阳灶、沼气等技术的大量推广利用，使农村地区的生物质能源消费比例明显下降。

（5）草原生态建设工程。草原生态建设工程的建设重点是防治草原沙化、退化和盐碱化三化问题。主要措施有：农业部门大力组织开展人工种草、飞播牧草，提高植被覆盖率；对草地进行人工改良、围栏封育和轮牧，防止草原破坏、沙化、退化；解决过度开垦、滥采滥挖、过度放牧、只取不予、生态恶化等问题，提高广大牧民保护草原、建设草原的积极性；推行草地承包责任制，实行有偿使用制度。

(6) 自然保护区工程。建立自然保护区，开展生物多样性保护。另外，建立可持续的经济体系需要大量资金支持，除主要依靠自身积累外、还需要国际社会的大力援助；需要建立促进可持续发展的政策体系和法规体系，建立可持续发展的管理机制；需要开发新技术，改善技术体系，形成生态上和经济上的良性循环，及时总结推广高产、优质、高效、低耗，并有利于生态农业发展的耕作制度和技术措施；需要社会进一步的支持，共同树立可持续发展的理念，提高社会总体的可持续发展实施能力。

二、农业可持续发展模式

(一) 农业可持续发展模式的选择

我国所倡导的生态农业与西方生态农业的内涵不同，它是基于我国资源约束、食品需求刚性增长、生态环境恶化的现状，而提出的一条有中国特色的生态农业。我国生态农业的基本内涵是：在经济和环境协调发展方针指导下，总结吸收各种农业方式的成功经验，运用生态学和经济学的原理以及系统工程方法，因地制宜地利用现代科学技术并与传统农业精华相结合，依据“整体、协调、循环、再生”的要求，合理组织农业生产，把发展粮食生产与多种经济作物结合起来，把种植业与林、牧、渔业结合起来，把发展农业与第二、三产业结合起来，协调经济发展与环境保护、资源利用的关系，实现高产、优质、高效与持续发展，达到经济效益、生态效益、社会效益的统一。中国生态农业模式体现了以发展为核心的主导思想，在求发展的同时，积极实施环境的保护和生态建设，探索“低投入、高效益、低污染、高质量”的农业可持续发展道路。这种持续发展必然使土地、水资源和动植物种质资源得到保护，它是一种无环境退化、技术上适宜、经济上可行并能为社会所接受的发展途径。

中国生态农业形式多样，其内涵和外延远远超出国外的生态农业。如南方水旱结合、农渔结合的“桑基鱼塘”，北方农林牧渔结合、多维多元的生态农业，立体种植生态农业等，都是依据当地资源优势和特点发展起来的。中国特色的生态农业体现了以下特点。

（1）建立在可更新资源基础上，与当地农业环境组合相适应，既充分合理利用资源，发展生产，又能保护自然资源，使资源得以永续利用。

（2）以一业为主，多业结合，全面发展，农、林、牧、渔、加工各业之间相互协调，相互促进，以实现系统整体的多功能、高效率。

（3）利用共生相养，合理配置农业植物、动物、微生物，实行立体种植、混合喂养、结构合理的立体农业，使有限的空间、水、土、光、热资源得到充分利用，达到较高的光能利用率和生物能转换率。

（4）循环利用“废物”，使农业有机废物资源化，增加产品产出；开展以生物防治为主的综合防治，控制杂草和病虫害；以农家肥、绿肥等有机肥为主，合理施用化肥，实现增产增收。

（5）充分利用现代科学技术，特别是生物技术，并且与传统农业实用技术相结合。

(6) 以内部调控为主，外部调控为辅，重视自我调节作用，采用人工调节与自然调节相结合措施，维护系统的稳定性。

(7) 全面规划，兼顾社会、经济和生态三大效益。

(二) 农业可持续发展的模式

1. 以种植业为主的可持续发展的模式

立体种植（+养殖）可持续发展的模式。大田作物主要进行三元结构的轮作复种、间套作，与养殖业结合，通过过腹还田、直接还田、沼气发酵等途径，提高秸秆的综合利用效率，完成农业生态系统内的物质循环利用，减少化肥、农药的使用量，杜绝秸秆焚烧，控制面源污染。茶业主要发展茶园种植牧草，牧草喂养鹅、牛等，畜禽粪便培肥茶园，完成茶园内部循环。蚕桑业重点发展桑园立体种植技术和桑基鱼塘等，在桑树行间种植牧草、蔬菜等矮秆作物，通过畜禽养殖和水产养殖完成桑园内部循环。经济林果业发展立体种植技术，在经济林和果树行间种植牧草、蔬菜及豆科作物等，牧草喂养牛、鹅等畜禽，利用畜禽粪便和具有固氮特性的豆科作物培肥土壤，形成良性循环。具体方式有以下几种。

小麦：小麦/春玉米、小麦/棉花+玉米、小麦/春玉米/夏玉米、小麦+香豆/棉花、小麦+玉米+秋菜、小麦+棉花+绿豆、小麦/春玉米+甘薯等。

水稻：水稻——马铃薯——大头菜、油菜——早稻——荸荠、大蒜/辣椒——后作稻、蚕豆/春玉米——后季稻、稻+萍+鱼、稻田种菇等。

玉米：玉米+大豆+甘薯、玉米+甘薯、蚕豆/春玉米/秋玉米、蚕豆/春玉米——秋马铃薯、蚕豆+经济绿肥/春玉米+

秋玉米、玉米/平菇/黑（白）木耳等。

薯类：春马铃薯/春玉米——秋马铃薯、马铃薯 + 甘蔗 + 平菇、林 + 薯类、牧草/玉米/甘薯、蚕豆/春玉米——马铃薯等。

棉花：小麦/棉花 + 豆科牧草、小麦/玉米/棉花/豆类、杨树 + 棉花 + 蔬菜/瓜果 + 小麦。

蔬菜：轮作复种、大田作物 + 蔬菜。

茶园：茶树 + 牧草 + 鹅/牛。

桑园 = 桑树 + 牧草/蔬菜 + 草食动物、桑基鱼塘系统。

经济林果：林果树 + 牧草/蔬菜/豆科作物 + 牛/鹅。

种养加工一体化与废弃物资源化可持续发展的模式。以种养结合为基础，种养加工一体化开发为重点，废弃物资源化利用为纽带，实现系统内物质循环利用，全程防控，减少污染，提高效益。以水稻、小麦、棉花、玉米等作物的生产、加工、废弃物资源化来实现可持续发展的模式持续发展的模式。

2. *以畜牧业为主的可持续发展的模式*

规模化养殖场农牧结合可持续发展的模式。主要根据生态环境承载能力，确定单位面积养殖规模，以确保养殖场产生的粪便、废水等废弃物能被相应的农田所吸收利用，而不至于对生态环境产生破坏。以苏北地区为主。人均土地面积相对较大，工业污染较少，农户住宅区之间具有较大的空间，可利用现有的生猪基地（盐城、淮安、连云港等）、奶牛基地（徐州等）和山羊基地（徐州等），发展有机规模养殖业。如以奶业为例，通过养殖奶牛，一方面产生的鲜奶加工成消费品，加工的废弃物经过处理作为饲料和冲洗牛舍；另一方面奶牛产生的粪便用作肥料等种植牧草饲料。这样的奶业循环使资源得到充分利用的同时又不破坏环境。

环保型种畜禽可持续发展的模式。经济较发达地区发展重点是围绕品种资源做文章，形成以这些著名品种资源为核心的种畜禽产业。尽量控制现有肉猪生产规模。加强环保型设计，侧重整个产业链循环的前期与后期，即种畜禽生产、肉畜禽的加工转化、冷链加工与超市销售等环节。注重养殖场废弃物的加工、处理与废物利用，防止对环境造成污染并提高其附加值。

3. 以水产为主的可持续发展的模式

规模化适宜密度养殖模式。主要针对普通规模化池塘养殖，除尽量采用配方饲料、精量投饵、合理品种结构等措施外，根据品种特点将养殖密度控制在适宜的范围。主要有以下几种方式：①虾蟹苗种的产业化及成体养殖；②海水鱼、贝、藻类的无特定病原苗种规模化生产；③文蛤、缢蛏等规模化养殖；④近海经济鱼类的养殖与加工；⑤紫菜、海带等藻类养殖与加工。沿海滩涂特色鱼类的规模化养殖注意养殖品种和养殖模式的调整，实行中低密度养殖，预防水质污染。

第七章　新型职业农民创业主体培育

就业是民生之本，创业是民富之源。近年来，党中央国务院高度重视农民创业，把扶持农民创业作为新时期新农村建设的一项重要内容来推进。在新的发展阶段，切实做好促进农民就业创业工作，是统筹城乡经济社会发展的必然要求，是全面建设更高水平小康社会的客观需要，是解决“三农”问题的关键举措。大力推进农业经营体制创新、培养新型农业市场主体是转变农业发展方式，提高农业综合效益和激发农村发展活力的迫切需要，大力开展创业农民的培育与培植，为现代农业发展提供职业化的生产经营主体和后继者。

在市场经济条件下，农民是多元创业主体的一部分。农民创业是农民依托家庭组织或者创建新的组织，通过投入一定的生产资本，依托农村，通过扩大再生产或从事新的生产活动开展一项新的事业，以实现财富增加并谋求发展的过程。农民与其他创业主体相比有着明显的优势：农民是自由的，家庭联产承包经营本身就是一种小型创业，而农民创业机会成本小，拥有良好的人力资源优势。随着农业和农村经济的发展，农民创业主体类型呈现多样化和多元化的特点。

一、新型农民创业主体的类型

农民创业主体一般是指能开拓性地将与农业、农村、农民有关的商业机会转变为相应的涉农经济实体，并在该经济实体中担任组织、管理、控制、协调等关键角色的个人或团体。具体包括以下6种类型。

（一）村“两委”班子成员为创业主体

这类创业主体主要包括村党支部委员会成员和村民委员会成员，具体又分为土生土长的村官和大学生村官这两类。土生土长的村官主要特点是，具有一定的公共资源和社会基础，擅长和农民打交道，比较容易争取农民的支持，能够有效整合村集体资源，带领村民创业兴业，实现共同致富。

（二）农村致富能人为创业主体

这类创业主体主要包括农村的种植和养殖大户、农民专业合作组织负责人以及农产品经纪人等。他们长期在农村从事生产经营活动，对农村的情况熟悉，技术专长比较突出。如“全国星火科技二传手”、孝昌县冠昌源农产品合作社理事长程国庆，他不仅懂技术、会经营，将自己的林果园料理得远近闻名，还凭借自己的能力和影响为孝昌县林果产业的发展和农民增收致富作出了突出贡献。

（三）返乡人员为创业主体

这类创业主体主要包括返乡农民工和大学生创业人员。他们的特点是文化水平较高，见多识广，具有一定的社会经验，接受新知识、新观念的能力很强，具有很强的创业激情和带领农民致富的意愿。

农民工返乡创业具有五大优势：①经历了城镇化和工业化的洗礼，接受了现代城市中创业观念的熏陶，熟悉了市场规则，磨炼了意志，具有饱满的创业激情；②农民工见多识广，回乡后成为当地农村与外界联系的重要桥梁，也成为当地农村了解外界的重要渠道；③通过打工的间接学习，不少农民工已经成为熟练的产业工人、企业技术骨干，甚至成为管理人员，拥有一定的技术和资本，具备了创业能力；④农民工在外打工也积累了一定的社会资本，拥有相对优越的创业资源；⑤对于家乡的市场情况更加了解，对家乡的认同感使他们愿意返乡归根，具有回乡创业的意愿。不少地方政府对返乡创业者提供了许多优惠政策与措施，加大信贷支持和金融服务力度，鼓励他们创办乡镇企业，带领村民致富。

大学生创业有四大优势：①有激情。大学生往往对未来充满希望，他们有着年轻的血液、蓬勃的朝气以及“初生牛犊不怕虎”的精神，而这些都是一个创业者应该具备的素质。②有技术。大学生在学校里学到了很多理论知识，有着较高层次的技术优势，而目前最有前途的事业就是开办高科技企业。技术的重要性是不言而喻的，大学生创业从一开始就必定会走向高科技、高技术含量的领域，“用智力换资本”是大学生创业的特色和必然之路。一些风险投资家往往就因为看中了大学生所掌握的先进技术，而愿意对其创业计划进行资助。③有创新精神。有对传统观念和传统行业挑战的信心和欲望，而这种创新精神也往往造就了大学生创业的动力源泉，成为成功创业的精神基石。④面临良好的环境。目前，从中央到地方到各个高校都热情鼓励和支持大学生毕业自主创业，各级政府为大学毕业生创业制订了一系列的优惠政策，各高校为大学生创业也积极创造各方面的条件，对有条件的大学生来说，自主创业已经具备了难得的机遇。大学生创业的最大好处在于能提高自己的能力、增长经验以及学以致用；最大的诱人之处是通过成功创业，可以实现自己的理想，证明自己的价值。

（四）城市人为创业主体

从创业的角度看，过去农村几乎是一张白纸，由于新农村、新郊区建设的红火，带动了农民的需求和农村市场的兴旺，催生了大量创业机会，不仅农民创业热情高涨，而且吸引了城里人前往农村创业。如今，城市创业成本高，项目投资竞争激烈，农村则生机盎然，项目投资优势凸显。农村的劳动力充足，自然资源丰富，创业成本低。逐渐富裕起来的农民，对物质文化生活需求的层次在提高，各地政府相继出台了一系列创业资金扶持政策，使农村创业成了吸引力最强、利润最高的行业之一。农村饲养野兔、野猪、野鸡、草鸡、蓝孔雀，种野菜等非常受城里人欢迎，市场很大，农村项目投资又急需城市人的知识、技术、科技和人才。创业的机会多而且诱人，许多城里人发现了这一巨大商机，纷纷放弃城市优越的生活条件，踊跃投入到农村创业大潮之中。过去一些想尽法子在城市落户的“农转非”，现在出现了“非转农”到农村创业的趋势。

农村是一个广阔的天地，有大量没有充分利用甚至是闲置的土地资源，有不少产品尚未商品化，农村本身还是一个巨大的消费市场。总之，农村蕴含着前所未有的商机。就经济意识而言，城里人比农民更了解农产品怎样才能流入城市，凭城市人在货币资本和智力资本上的优越性，完全可以在农村干一番轰轰烈烈的事业。在农村投资可大可小，伸缩性大，资金多可做农产品的深加工，资金少拎几只编织袋就可做贩卖农产品的活计。城里人下乡创业，是一件双赢的大好事，城里人在赚取钞票的同时，也在为农村传播先进文化，带去先进的经营管理方法，还在农村创造真正“离土不离乡”的就业岗位，在一定程度上分担政府扶贫工作的重担。

（五）涉业集群及企业为创业主体

涉农企业既是一个活跃的创业主体，也是一个重要的创业载体。当前的涉农企业主要有以下几种类型：一是农业产业集群；二是大型农业产业化龙头企业；三是涉农中小、微型企业。

（1）农业产业集群。农业产业集群是指在一定区域范围内，以农业资源为依托兴办的各类经济实体以及为其提供各种配套服务的公司、机构、组织的总和。农业产业集群的涵盖面非常广，主要包括种植业、养殖业、加工业、休闲农业、商业、流通业、运输业、饮食业、服务业、教育培训、信息技术等。在发达国家，一些依托农业产业集群形成的特色产业已经成为国民经济的支柱产业，如荷兰的花卉产业集群、美国加利福亚的葡萄酒产业集群等。

（2）龙头企业。龙头企业是农业产业化的火车头，具有很强的带动辐射作用。近年来，中国农业产业化经营已经有一批成长性很好的龙头企业。2014 年，农业部公布了第五批农业产业化国家龙头企业，359 家企业上榜。至此，国家重点龙头企业总数已达 1 253家，占全国各类龙头企业总数的1%左右。新增的359 家国家龙头企业中，粮棉油类和“菜篮子”类企业占85%以上，90%的企业建有专门的研发机构，超过 60%的企业获得了省级以上科技奖励或荣誉，2/3 的企业产品获得了绿色、有机或无公害认证，平均每家企业辐射带动农户 4. 4 万户、吸纳就业 1 199人、主要原料采购额 5. 3 亿元，向每个农户平均支付 1. 2 万元。在本批新认定的国家级重点农业龙头企业中，由于龙头企业在科研、人才、市场、品牌等方面具有明显的优势，在带动农民创业增收致富，促进农村产业结构调整，推进农业区域化和专业化经营，提高农业综合效益等方面发挥了龙头效应，是推动农业产业化经营的骨干力量，是“农业强省”战略下农民创业的生力军。

(3) 涉农中小微型企业。世界各国经济发展的现实表明，中小企业是国家经济增长的发动机，是社会就业的主要领域，是创业型经济中实现创新创造的主体。在中国农村，这种中小企业就是被称为“异军突起”的乡镇企业。

从农村创业的角度看，积极培养、扶植众多的中小甚至微型的乡镇企业，比起发展几家大型的、特大型的农业龙头企业意义更为重大。农村人数众多，散居率也高，人们的需求多样化，追求也趋个性化，需要能生产小批量、多规格、多型号产品的中小型甚至是微型企业。

(六) 农民专业合作经济组织为创业主体

农民专业合作经济组织是农民自愿参加的，以农户经营为基础，以某一产业或产品为纽带，以增加入社成员收入为目的，实行资金、技术、生产、购销、加工等互助互济的合作经济组织。它是解决农民组织化程度低，农业生产经营中“小规模与大群体、小生产与大市场”之间的矛盾的一种十分重要的组织形式。目前，农民专业合作经济组织有自愿组合型、龙头带动型、中介服务型、产业协作型、农工商一体型、专业协会型等多种形式。

二、新型农民创业主体的基本特征

尽管农业专业大户、农民专业合作社和农业企业在组织架构、经营模式和分配机制等方面具有明显的差异，但从本质上看，它们都在不同程度上体现了新型农民创业主体的基本特征：具有适度的经营规模和带动效应；具有较好的盈利能力和较充足的资金来源；市场导向性强；注重品牌建设。

（一）经营规模较大，具有辐射带动效应

农村土地流转速度的加快，改变了农业经营者的土地经营规模和结构。如广水市针对农民进城务工经商的越来越多，田地无人耕种、抛荒严重等问题，加快了土地流转步伐，让无意种地的农民将土地向农业企业、科技人员、专业大户、农民专业合作社流转，实行统一管理，规模经营。截至 2014 年，该市已流转土地 12 万余亩，占耕地面积的 20%，涉及农户 4.1 万户。其中，郝店镇、蔡河镇土地流转最多，比例达 40%。就流转形式而言，主要有转包、租赁、互换、转让 4 种形式。此外，广水市政府还出台多种措施鼓励各类组织和个人参与土地流转，推行适度规模经营。李店乡养殖大户叶万林近年转包了 40 多个农户的山场、堰塘 1 800亩，形成了以养殖土鸡、鱼为主，以种植泡桐为辅的综合种养基地。基地年产鱼 10 万千克，年出栏土鸡 30 万只，收入近千万元。叶万林不仅自己发家致富，而且使流转山场土地的农民实现了脱贫致富。

如果说农业专业大户是以其土地经营规模大为主要标志，农民专业合作社走的则是新型农业规模化经营的道路。它们通过组织模式与利益机制的创新，实现了社员小规模生产基础上的合作社经营规模化，这将是在小农基础上实现农业规模经营和现代化的方向。

（二）盈利能力较强，资金来源呈现多元化

新型农民创业主体的盈利能力比一般传统农户明显要强。较强的盈利能力不仅有利于农业经营者收入的增加，而且增强了其对农业的投入能力。

新型农民创业的资金来源呈现多元化的格局。除自有资金

外，银行或信用社贷款、其他个人或单位借款以及政府补贴或项目扶持，也已成为其创业所需资金的重要来源。但是，由于受盈利能力、资信状况、管理水平、经营风险和规模等因素的影响，不同类型农业创业主体的资金来源渠道存在较大差异。

（三）市场导向明显，销售集道各有千秋

经营规模扩大和产品商品率提高，使新型民创业主体更需面向市场，以市场为导向组织生产并且参与市场竞争。在产品销售渠道方面，各类新型农业经营主体各有千秋，但相互间的差异也比较明显。就农业专业大户而言，其产品主要通过专业合作社、下游企业、贩销商以及市场自销等途径销售，农民专业合作社的产品销售主要集中于市场自销、下游企业和贩销商等渠道。此外，也有部分农民专业合作社已与超市、机关事业单位建立了稳定的销售关系。

（四）重视品牌建设，户品认证比例较高

规模化种植，标准化生产，产业化经营，社会化服务，品牌化销售，这是发展现代农业的必然要求。农业品牌是传统农业向现代农业转变的重要标志，也是进一步提高农业生产效益的重要途径。

三、培育新型农民创业主体的意义

（一）有利于全面建成小康社会

党的十八大提出了全面建成小康社会的宏伟目标，农村是中国小康建设的一个重要组成部分。培养现代农民，发展现代农业，建设现代农村将是全面建成小康社会的重要任务。新型农民创业培植正是在响应全面建成小康社会的号召。它通过对农村种植、养殖大户开展现代创业培训，不断提高他们的综合

素质，努力培养他们的创新精神和创业能力，大力培养农村致富带头人和建设社会主义新农村的中坚力量，让他们带领广大农民共同致富。新型农民创业培植是落实党的十八大精神的具体体现，也是着力解决“三农”问题的重要途径。

（二）有利于增强农业核心竞争力

加入WTO后，中国的农业核心竞争力迫切需要增强，而人力资源是提高农业核心竞争力的基础。一个弱势的农民群体难以形成强劲的农业国际竞争力。通过新型农民创业培植实践，打造一批“中坚核心农民”，使其成为优化农业生产力布局、提高农产品质量、创建农产品品牌、进行农业科技创新的新主体，可以充分发挥其示范带动效应，实现重点区域农业核心竞争力的提高，推进中国农业由“大”到“强”。通过新型农民创业培植造就一批高素质的农业生产经营者，不仅使他们创下自己的“业”，且使将来的农业继承人在更高的产业基础上有了接“业”之本，这对提高农业核心竞争力具有十分重要的长远意义。

（三）有利于转变农业发展方式

当前，农村“村庄空心化、农业兼业化、村民老龄化”现象较突出。当务之急是要大力培养农民创业型人才，“金字塔”式的人才模型，就是“培养一个创业带头人，培植一支创业大军，带动一片产业基地”，重点围绕农产品加工园区、龙头企业和农业板块基地，在突出“一袋米、一壶油、一只虾蟹、一头猪、一只鸡、一提茶、一条鱼”的基础上，围绕知名品牌和地方特色产业，引导农民开展自主创业，通过创业转变农业发展方式。第一，培育新型农民创业主体有利于破解“谁来种地”难题。随着工业化、城镇化快速推进，大量农村青壮年劳动力不断向外转移，农村精英纷纷跳出“农门”，农村出现务农老龄化和农业兼业化现象，解决“谁来种地”的问题迫在眉睫。新型农民作为建设现代农业、保障国家粮食安全和主要农产品有效供给的重要主体，交出了满意的答卷。第二，培育新型农民创业主体有利于解决“怎样种地”难题。新型农民发展多种形式的适度规模经济，运用科技手段提高了农业生产的专业化、规模化和集约化程度，推动新事物的普及，引导农民开辟农业增产增收新途径。

（四）有利于统筹城乡协调发展

在当前实施农村劳动力转移战略背景下实施新型农民创业培植，具有重要的现实意义。在实施劳动力转移工程的同时，有必要通过新型农民创业培植，将城市的资金、技术优势向农村辐射，与农村的土地、劳动力优势相结合，以提高农业的科技含量，提高农民市场经营水平及应用高新技术成果的能力，提高农村身吸纳剩余劳动力的能力，以此加快“农业产业化、农民市民化、农村城市化”的步伐。城乡统筹不仅体现在健全社会保障体系等方面，更在于企业化的经营体制和城乡间要素自由流动。新型农民创业培植就是要在大力推进农村劳动力转移的同时，通过政府和社会扶持引导，激励农民主创业，让更多的农民通过直接掌握生产要素来创造财富，形成城乡一体的企业化经营体制，实现城乡互动创业，促进城乡共同繁荣。

（五）有利于推进新型城镇化过程

中国城市化进程的具体模式是多样化的，具有明显的地方特色。农村人口进入城市的方式也应是多种多样的。当前，最主要的任务是借鉴发达国家和先进省份的做法，迅速培养农村科技和致富带头人，培植他们围绕主导农业产业开展创业，通过创业促就业，通过就业促发展，最后通过资源配置，走向三个集中：一是农民向农村社区集中，逐渐形成具有地方特色的“小城镇”；二是土地向创业领军人物集中，形成农业生产规模化和标准化；三是产业向集群集中，在“一村一品，一乡一业”的基础上逐步形成农业一、二、三产业分工明晰的产业集群体系。通过上述“三个集中”，逐渐形成一条农村社区和小城镇带动下的梯次化的农村城镇化发展道路，通过梯次原理逐步推进，吸收农村剩余入口，倡导城市文化，农民才能适应城镇生活，创造城镇生活，实现真正意义上的城市化。

（六）有利于推进社会主义新农村建设

新中国的成立，有赖于发动农民的力量；新时期的改革，是农民最先的创造；新农村的建设，一个显而易见的道理是，出发点和落脚点仍要归于“新农民”的培养上。农民是农业的劳动者，是农村的建设者，是“三农”问题的核心。因此，要注重对农民的教育和培训，这种教育和培训，不只是停留在知识和技术层面上，新型农民创业培植工程是充分利用市场机制，以可持续发展为宗旨实施的一场深刻的农村经济革命。将促进农村生产方式产生脱胎换骨式的变革，对农村、农业、农民进行同步改造，培养具有现代意义的新农民，完全摆脱传统的经营方式，顺应农村生产力发展新要求，以现代企业模式来经营农业。这种现代化农业企业雏形的显现，为实现农业生产方式和农村生产关系的根本性变革吹响了号角，对探索社会主义新农村建设有着深远的历史意义。

下篇

新型职业农民综合能力提升

第八章　培育新型职业农业经营体系

党的“十八大”报告中明确提出，发展农民专业合作和股份合作，培育新型经营主体，发展多种形式规模经营，构建集约化、专业化、组织化、社会化相结合的新型农业经营体系。中央“一号文件”则更加明确地指出了现代农业的组织形式即鼓励和支持承包土地向专业大户、家庭农场、农民合作社流转，发展多种形式的适度规模经营。鼓励农民兴办专业合作和股份合作等多元化、多类型合作社。培育壮大龙头企业，支持龙头企业通过兼并、重组、收购、控股等方式组建大型企业集团。创建农业产业化示范基地，促进龙头企业集群发展。推动龙头企业与农户建立紧密型利益联结机制，采取保底收购、股份分红、利润返还等方式，让农户更多分享加工销售收益。推进国家农业科技园区和高新技术产业示范区建设。

由此可以看出，在新的现代农业发展形势下，其经营组织形式更加明朗化。今后，我国的现代农业生产经营组织形式有家庭农场、专业大户、农民合作社、龙头企业＋农户和农业科技园区等生产经营模式。

第一节　农业规模经营

一、农业规模经营的内涵

农业规模经营是指在一定生产力水平和经营条件下，为获得最佳产出规模而投入适量生产要素，并使生产要素合理组合、充分利用，以获取最佳经济效益。农业规模经营的目的是实现规模经济。所谓规模经济是指由于生产规模的适度扩大，使生产要素得到更合理的利用，引起长期平均成本下降，从而获得更高的经济效益。但如果生产规模过大或过小，生产要素不能被合理利用，造成经济效益损失，则称为规模不经济。因此，农业规模经营的关键在于对已有的生产要素进行合理配置和选择适度的规模，生产要素的合理组合和效益最大化是其核心内容。

值得注意的是，农业规模经营并不等于土地规模经营，但土地利用规模在很大程度上决定着农业经营规模的大小。农业规模经营也并不否定家庭经营，而是要在家庭经营的基础上使规模适当扩大，形成规模经济。在我国地少人多的具体国情条件下，在坚持家庭承包制长期不变的前提下，在少数地区可以通过适当集中土地，实行土地规模经营。全国绝大多数地区要在农户承包土地不变的前提下，主要通过实行农户的生产要素的合理化配置和专业化的生产经营、把专业化生产经营的农户纳入到社会化的分工协作体系之中的方法来实现规模经营。

农业适度规模经营是指农业生产经营单位拥有与耕地资源条件、社会经济条件、物质技术条件及管理水平相适应的合理数量的土地规模，或生产经营单位突破土地规模狭小的制约，通过主要生产环节的合作服务，实现农业生产布局区域化、生产专业化和服务社会化，从而获得良好的经济和社会效益。农业适度规模经营主要有以下优点：一是适度规模经营能提高农业机械利用率，促进生产要素的合理组合并降低农业生产成本；二是有利于农田水利设施建设，增强农业抵御自然灾害的能力；三是适度规模经营可以提高土地产出率、商品率和劳动生产率；

四是有利于促进农业专业化、社会化和产业化发展，增强农业竞争力。

二、农业规模经营的条件

在市场经济国家，农业经营规模的扩大一般是随着工业化和城市化的进展而出现的。在工业化和城市化进程中，开展农业规模经营需要具备以下主要条件。

（1）农业劳动力素质普遍得到提高，农业劳动力顺利转移是农业规模经营的前提条件。只有转移劳动力并使其获得相对稳定的职业和工作，农业劳动力人均负担的耕地面积才能增加，扩大农业经营规模才有可能；只有农业生产经营者的科技知识、管理能力等素质得到提高，农业规模经营的效益才能得到保证。

（2）完善的土地流转机制和农户之间的利益协调机制是农业规模经营的首要条件。农业规模经营往往以土地利用规模为主要的衡量标准，而在家庭承包经营的基础上，只有通过建立相应土地流转机制才能实现土地的流转和集中。

（3）农民眷念土地的传统观念逐步改变，并在农民中建立起必要的社会保障制度。在我国，土地是农民的基本生活资料，具有社会保障的功能。一般来说，农村社会保障体系越完善，农民对土地的依恋程度越低，农业实行规模经营的可能性越大。

（4）有较为完善的农业机械工业体系和物质技术装备体系，能够为农业规模经营提供必要的物质技术条件。农业物质装备水平的提高，一方面要求通过规模经营来实现其利用效率的提高，另一方面也使以少量的家庭劳动力从事规模经营成为可能。

（5）有较为完善的社会化服务体系，能为从事规模经营的单位和农户提供所必需的物质技术条件和产前、产中、产后一系列的服务。一般来说，较大规模经营能否成功，在相当程度上取决于农业产前、产中、产后的社会化服务状况。这种服务项目越多，质量越高，农业适度规模经营的实现就越有可能。

三、我国农业规模经营的模式

从目前我国农业生产实践来看，农业规模经营所采取的形式主要有以下几种。

(1) 土地集中型。这种模式的主要特点是：把土地集中起来，由一个独立的主体（集体组织、合作组织、股份制组织或农业大户）进行生产和经营决策。该模式一般在经济比较发达或土地资源比较丰富的地区具有较好的效果。目前实行土地集中式规模经营的主要有土地股份合作经营、承包大户经营和产业化基础经营 3 种类型，其中，以承包大户经营为主体。

(2) 契约型或订单型。这种模式的主要特点是：某一经营主体（龙头企业）与许多小农户签订契约，进行分工合作，一般由龙头企业负责产前生产要素供应与产中技术支持以及产后农产品（加工）经营，小农户负责产中生产管理；龙头企业一般是具有较强的经济、技术和市场开拓能力的企业，小农户（在龙头企业的支持下）具有较强的产中生产管理能力；龙头企业和小农户之间的利益分配可以采取多种形式。这种模式也被称为订单农业模式。从总体上看，这种模式普遍具有较好的效果，尤其适合我国中西部地区，适合劳动密集型与技能密集型农产品的生产与经营。

(3) 市场激励型或集聚型。这种模式的主要特点是：同一地区的许多小规模农业生产者（小农户）根据市场需求，各自决策共同生产一种或一类农产品，在市场上将收获的农产品按市场价格销售给当地一些有实力的经营主体（龙头企业），由这些龙头企业统一对外进行销售，获取规经营利润。该模式比较适合于基础设施与市场体系比较发达、农民知识与技能水平较高、经济实力较强的地区。

由此可以看出，农业规模经营的各种形式各有其侧重和相应的条件。由于我国各个地区的条件各不相同，因此各地区应该结合自己的经济发展状况、自然条件、产业结构及其调整方向、市场发育程度以及社会传统等实际情况，选择适合自己的规模经营模式。

四、我国农业适度规模经营的实现途径

根据世界农业发展的规律和我国农业发展的实践，农业规模经营是农业现代化发展的必然趋势和客观要求。在我国，发展农业规模经营的途径主要有：

（1）在稳定家庭承包经营的基础上，规范农地产权，建立和完善“自愿、依法、有偿”的土地流转机制。家庭承包经营制是我国农村经济体制的基础，具有广泛的适应力和旺盛的生命力，所以我们要在稳定家庭承包经营的基础上，逐步加大市场机制在土地资源配置中的基础性作用。建立相应的土地流转制度，并允许土地依法、自愿、有偿流转。

（2）推进农业产业化经营。现代农业的经营规模主要指农业生产资料供给、农业技术服务、农产品销售加工、农业服务体系的社会化和规模化程度。在我国，不可能通过土地的大规模集中来实现规模经营。因此，发展农业产业化经营，依靠龙头企业和市场中介组织的带动，通过分户生产、联合加工和销售的途径，可以使一个产品、一个产业在一个区域内形成有专业化分工的社会化大规模生产。这是在小规模家庭经营基础上提高农业整体效益的现实途径，是符合我国国情的发展农业规模经营的有效途径。

（3）全方位提高农民科技文化素质和市场意识，完善农业劳动力转移机制。规模经营意味着农业劳动生产率的提高和农业剩余劳动力的增加，只有当农业剩余劳动力能够顺利地转向非农产业并从中获得可靠的、稳定的非农收入时，才有可能实现土地的流转和集中，农业规模经营才能发展起来。因此，实行农业规模经营面临的最大问题是农业劳动力的顺利转移。发展规模经营，要着力发展农村非农产业和促进城镇化，为农业劳动力稳定转移出农业和农村创造条件。此外，农业规模经营是一种现代农业的经营方式，对农业劳动力的生产经营能力和管理水平有较高的要求，为此要加强对农业劳动者的培训，以适应现代农业发展的要求。

（4）建立健全农村社会保障体系，降低农民的“恋土”情结。在我国，土地是农民最基本的生产资料，是农民最重要的依托和最可靠的社会保障，要使农业劳动力从农业转移出去，必须随着农村经济的发展，稳步推进农村社会保障制度建设，使从事农业和非农产业的农业劳动者都无后顾之忧。为此，必须尽早建立健全适合城乡的社会保障制度，以农村最低生活保障制度建设为突破口，开展多种形式的农村社会福利，专门为农村的特殊居民或群体提供除社会救济和社会保险以外的保障措施和公益性事业，重点推进农村社会养老保险制度建设，全面开展农村合作医疗事业。

（5）重视扩大生产项目的经营规模。发展规模经营除了要推动土地向生产单位（农户）集中以外，还要重视土地向某些生产项目集中。要本着充分发挥当地优势的原则，调整农业生产结构与布局，推进农业生产基地的建设。在此基础上，通过专业合作经济组织或以“公司＋基地＋农户”等形式，扩大某些农业生产项目的经营规模，以获取更大的规模效益。

第二节 家庭农场

一、我国现阶段的农户家庭经营

农户家庭承包经营克服了过去集体集中统一经营的弊端，其优点是体现了“四个有机结合”。

（1）两个经营层次的有机结合。家庭承包制条件下的农户家庭经营，把社区性合作经济组织中的统一层次与农户这一基础经营层次有机结合起来。社区性合作经济组织中的统一经营层次是集体土地等生产资料的所有者，它具有3个基本职能：①管理协调职能，即对所属的土地等生产资料统筹规划，发包给农户合理使用，并对其使用过程进行监督与管理，协调各农户的经济关系；②服务职能，即向承包农户提供生产经营进程所需的各种服务，以保证农户生产经营活动的正常进行；③分配与积累职能，即正确处理所属不同产业和各承包农户之间的利益分配关系，并随着集体经济的发展，逐步增加集体积累，增强其经济发展后劲和扩大再生产的能力。农户是社区性合作经济组织中的基础经营层次，它通过与统一经营层次签订承包合同，获得集体土地使用权。在承包期内，农户享有自主经营权，统一经营层次不得随意干涉。农户必须遵守承包合同，合理使用土地等生产资料，对集体的土地不得出卖、抛荒或掠夺式使用。两个经营层次的有机结合，可以充分调动两个积极性，从而大大提高生产效率。

（2）农业经营单位和农民生活单位的有机结合。农户既是农业生产经营单位，又是农民的生活单位，这不仅能调动农户全体成员的生产积极性，而且还能根据各家庭成员的特点，实现家庭内部的合理分工，做到各得其所、各尽其力、各显其能。

(3) 农业经营者和劳动者时有机结合。家庭承包制条件下的农户家庭经营，使农民既是劳动者，又是经营者，实现了经营者和劳动者的有机结合，它既能避免经营者脱离生产实际而出现瞎指挥，又能调动广大农民的经营积极性，使经营决策和生产措施更加切实可行。

(4) 农业经营成果和农民收入水平的有机结合。家庭承包制条件下的农户家庭经营，农户具有充分的经营自主权，灵活地根据市场需求安排农业生产项目，自主经营，充分体现了多劳多得、按劳分配的原则。生产经营成果好的农户，其收入就高，反之则低。这就克服了过去在分配上“吃大锅饭”的弊端，能有效调动农户在生产和经营上的积极性。

二、家庭农场

(一) 家庭农场的定义

在中国，家庭农场的出现促进了农业经济的发展，推动了农业商品化的进程。它的形成，有助于提高农业的整体效益，有助于生产与市场的对接，克服小生产与大市场的矛盾，提高农业生产、流通、消费全过程的组织化程度。中国农业的整体生产力水平还比较落后，土地等基本资源紧缺，整体上看，家庭农场的规模不可能很大，发展进程也不可能很快。

家庭农场，一个起源于欧美的舶来名词，在中国，它类似于种养大户的升级版。通常定义为：以家庭成员为主要劳动力，从事农业规模化、集约化、商品化生产经营。

优势特点：

(1) 在中国，家庭农场的出现促进了农业经济的发展，推动了农业商品化的进程。

(2) 家庭农场以追求效益最大化为目标，使农业由保障功能向盈利功能转变，克服了自给自足的小农经济弊端，商品化程度高，能为社会提供更多、更丰富的农产品。

(3) 家庭农场比一般的农户更注重农产品质量安全，更易于政府监管。

(二) 家庭农场特征

根据农业部有关负责人的解释，家庭农场特点各异，但有3个基本特征：

(1) 以家庭成员为主要劳动力。

(2) 农业规模化生产经营。

(3) 以农业收入为家庭主要收入来源。

(三) 家庭农场的形式

家庭农场是以农户家庭为基本单位，通过租赁、承包一定规模的土地，从事适度规模的农业生产、农产品加工和销售的农业经营形式。家庭农场一般实行自主经营、自负盈亏的管理方式。家庭农场的出现推动了农业产业化的进程，有助于提高农业的生产效益，克服小生产与大市场的矛盾，提高农业生产、流通过程的组织化和社会化程度。

1. 土地流转办家庭农场

家庭农场的特点是土地的规模化经营，因此办家庭农场首先要对土地进行流转，使土地适当集中到一些种田能手、种养大户手中。

2. 大农场办家庭农场

一些大型的国内农场以土地承包、租赁等方式扶持农场内的农民以家庭为单位发展家庭农场。

3. 农民自办家庭农场

一些种粮大户或者种田能手，自己通过多承包或者租赁土地，办起家庭农场。

4. 种养结合型农场

一些家庭农场开展种养结合的生产经营模式，种植和养殖有机结合。这种种养结合的复合型家庭农场为家庭农场的未来发展指明了一个方向。

第三节　农业中的合作经济和专业合作社

一、农业合作经济

（一）农业合作经济的含义

农业合作经济是农民为了共同的经济目标，在自愿互利的基础上组织起来的，实行自主经营、民主管理、共负盈亏的农业经济形式。在现代农业中，农业合作经济是农民适应农业专业化、社会化和市场经济的发展，联合起来，发挥协作的优势，抗御自然和市场风险的有效组织形式。

农业合作经济组织，也称作农业合作制，是指农民，特别是以家庭经营为主的农业小生产者为了维护和改善各自的生产以至生活条件，在自愿互助和平等互利的基础上，联合从事特定经济活动所组成的企业组织形式。它的本质特征是劳动者在经济上的联合。

合作经济一般包括以下几个方面的规定：①合作经济组织的成员是具有独立财产所有权的劳动者，并按自愿的原则组织起来，对合作经济组织的盈亏负无限或有限责任；②合作社成员之间是平等互利的关系，组织内部实行民主管理，合作社的工作人员可以在其成员内聘任，也可以聘请非成员担任；③合作社是有独立财产的经济实体，并实行合作占有，其独立的财产包括成员投资入股的财产和经营积累的财产；④合作社实行合作积累制，即有资产积累职能，将经营收入的一部分留作不可分配的属全体成员共有的积累资金，用于扩大和改善合作事业，不断增加全体成员的利益；⑤合作社的赢利以按社员与合作社的交易额进行分配为主。符合这五项规定的经济组织才是比较规范的合作经济组织。

（二）农业合作经济的功能

与分散和独立的农户经营比较，农业合作经济具有明显的优势，这种优势具体体现在农业合作经济的以下主要功能上。

（1）发挥协作优势。家庭经营是现代农业经营的微观基础，但随着现代农业的发展，农业专业化程度日益加深，农户仅靠自身的力量已经难以完成生产的全过程，这就要求农户组织起来，依靠协作去解决一家一户在生产和流通等领域难以解决的问题，以保证农业生产经营活动的顺利进行。农业合作经济顺应了这种要求，将农户组织起来，充分发挥协作的优势，使合作经济的总体功能大大超过农户独立运行状态下各局部功能之和。

（2）优化要素组合。在农户分散独立经营条件下，各农户拥有的生产要素，其种类和数量不尽相同。有的农户因为缺乏某些生产要素而影响了生产活动的正常进行，与此同时，有的农户却因为某些生产要素过剩而导致闲置浪费。通过合作，农户的生产要素可以在较大范围内按照合理的比例重新组合，从而充分发挥生产要素的作用。此外，在不同的规模和技术条件下，生产要素的组合边际不同，通过合作不仅扩大了生产经营规模，而且有利于新技术的推广应用，提高技术水平，进而提高生产要素的组合边际，获得更大的经济效益。

（3）提高竞争能力。现代农业是与市场经济相伴而生的，而分散经营的农户，仅靠一家一户的力量难以面对激烈的市场竞争。农业合作是农户适应市场竞争的需要而组织起来的，它可以更好地获得和利用市场信息，根据市场需要及时调整生产结构和产品结构，提高农产品的市场竞争力。同时，农民通过合作组织起来，可以大大提高市场交易的谈判能力，降低交易成本，减少市场风险。

（4）减轻自然风险。农业受自然环境的影响大，自然灾害往往给农业生产带来很大的危害。农户在生产经营过程中，仅靠一家一户的力量难以抗御较大的自然灾害。农民通过合作组织起来，依靠集体的力量，就能有效地抗御自然灾害，减轻自然风险。

（5）提高管理水平。民主管理是合作经济的重要组织原则，通过社员参与管理，实行民主决策、群策群力，可以减少经营决策的失误，提高管理的整体水平。同时，社员参与管理，还可以有效地监督管理者，促使管理者严格执行合作社的章程，遵循合作社规定的基本原则，实现管理的规范化。

（三）农业合作经济的类型

农业合作经济的类型，可以从不同的角度去划分，主要按合作的领域和组织的形式进行分类。按照合作的领域，农业合作经济可分为：①生产合作，包括农业生产过程的合作、农业生产过程某些环节的合作和农产品加工的合作等；②流通合作，包括农业生产资料和农民生活资料的供应、农产品的购销储运等方面的合作；③信用合作，是农民为解决农业生产和流通中的资金需要而成立的合作组织，如我国现阶段的农村信用合作社等合作金融组织；④其他合作，如消费合作社、合作医疗等。

按照合作的组织形式，农业合作经济可分为：①农业专业合作，一般是专业生产方向相同的农户联合组建的专业协会、专业合作社等，以解决农业生产中的技术问题或农产品的销售问题等。②社区性合作，是以农村社区为单元组织的合作，如现阶段我国农村的村级合作经济组织。由于社区性合作经济组织与农村行政社区结合在一起，因此它不仅是农民的经济组织，同时还是社区农民政治上的自治组织，是连接政府与农民、农户与社区外其他经济组织的桥梁和纽带。③股份合作，是农民以土地、资金、劳动等生产要素入股联合组建的合作经济组织。它是劳动联合与物质要素联合的结合体，在组织管理上实行股份制与合作制的运行机制相结合，分配上实行按劳动分配与按股分红相结合。

二、农村专业合作社

我国在《中华人民共和国农民专业合作社法》在第一章总则第二条对农民专业合作社进行了简要的定义，包括两个方面的内容：一方面，从概念上规定合作社的定义，即“农民专业合作社是在农村家庭承包经营基础上，同类农产品的生产经营者或者同类农业生产经营服务的提供者、利用者，自愿联合、民主管理的互助性经济组织”；另一方面，从服务对象上规定了合作社的定义，即“农民专业合作社以其成员为主要服务对象，提供农业生产资料的购买，农产品的销售、加工、运输、贮藏以及与农业生产经营有关的技术、信息等服务”。

农村专业合作社，特指在农村不改变现有生产方式和生产资料所有制关系的前提下，同类农产品的生产者或经营者，为适应市场农业发展的需要，以为社员提供某一环节或一体化服务为宗旨，主要在流通领域按合作社原则组织起来的专业性经济组织。其内涵包括以下几方面。

（1）农村专业合作社是一种农村合作经济组织，它是以专业农民为合作主体，按照合作社原则建立起来的群众性组织。农村专业合作社作为农村合作经济组织的一种重要形式，当然也要按照现代合作社原则办事。

（2）农村专业合作社服务领域比较广泛，即服务贯穿产前、产中和产后环节。

（3）农村专业合作社是专业农户为适应市场农业发展的需要而建立起来的。随着农村生产力水平的提高，农业专业化、市场化和社会化程度的增强，而专业农户分散经营的“小生产”远远不能适应国内外两个“大市场”的要求，他们要在“小生产”与“大市场”矛盾中摆脱被剥夺的境地，就必须组建能够体现自己意志的专业性合作经济组织。实践中，从事农业专业生产经营的农户，正是由于这种利益驱动才组建了忠实于自己的专业合作社。

（4）农村专业合作社的建立和发展，不改变现有的农业生产方式。近几年在各地陆续出现的农村专业合作社与20世纪50年代的农业合作化运动有本质的区别。后者否定农户私人产权，主张财产合并，实质上是在计划经济体制下搞农业集体化；而前者的本质特征是在社会主义市场经济体制目标确立的背景下，承认农户私人产权，它是按照国际合作社惯例运作的。

三、农业专业合作社的经营模式

根据2006年颁布的《中华人民共和国农民专业合作社法》，农民专业合作社“是在农村家庭承包经营基础上，同类农产品的生产经营者或者同类农业生产经营服务的提供者、利用者，自愿联合、民主管理的互助性经济组织。”农民专业合作社的成员以农民为主体，以服务成员为宗旨，谋求全体成员的共同利益，盈余主要按照成员与农民专业合作社的交易量（额）比例返还；采取入社自愿、退社自由、民主管理的原则；合作社为成员提供农业生产资料的购买农产品的销售、加工、运输、储藏以及与农业生产营有关的技术、信息等服务。农民合作社将一家一户分散经营的农户组织起来，以集体的方式进行农业生产经营，提高了农民市场谈判的地位，提高了农民应对市场风险的能力，是现代农业经营的有效组织方式。

（一）农民自己创办专业合作社

在有些地方，一些有见识的农民，或者认识到农业组织化经营的好处和意义的农民，自发地行动起来，发动周边的农民成立农民专业合作社，带动农民从事农业产业化经营。

（二）政府扶持创办专业合作社

为使农民以组织化的方式从事农业生产经营，增强农业的经济效益，一些地方政府出台扶持政策，鼓励、引导、帮扶农民成了各种专业合作组织。

（三）村集体创办专业合作社

有些地方的村集体把本村的农民发动起来，成立了专业合作社。

（四）“海归”创办专业合作社

从海外留学回来的科技人员和知识人士在国内创办农业专业合作社是一个新现象。在这种模式中，留学归国人员能够将国外农业经营的先进理念、农业生产的先进技术传播到中国农业和农村中去。

（五）农民、公司、科研院所共建专业合作社

农民、公司和科研院所共建专业合作社是一种先进的合作理念，这种合作模式能够将科研院所的知识、技术，公司的组织管理和市场销售，农民的农业生产经营，有机合起来，实现共赢。

（六）土地入股成立专业合作社

农民自己发动起来，将自家的土地拿出来入股成立专业合作社。这种模式不但能够实现农业的组织化经营，还够把分散的小块土地集中起来进行规模化经营、统一耕种管理。

（七）以农机为裁体的专业合作社

农业的规模化、组织化经营一般需要以农业机械化为基础，农业机械化耕种是实现农业规模经营的重要手段。因此，以农业机械为载体成立专业合作社为农业的机械化生产经营创造了条件。

（八）台资企业入社的专业合作社

台资企业参与专业合作社，为合作社引进台湾的农业生产技术、经验和新品种创造了条件。这种合作模式应该成为农民专业合作社发展的一个方向。

（九）农民合作社获得进出口权

中国加入世界贸易组织（WTO）后，我国农业必须面对世

界农业市场的挑战，在这种环境下，我们自己的农产品大胆地走出国门、走向世界市场是应对这种挑战的一个积极姿态。因此，我们要鼓励农民专业合作社更多地获得进出口权，更多地将我们的农产品输入世界市场。

（十）农民合作社产品超市

农民成立专业合作社，销售农民生产的农产品和农民所需的农业生产资料，形成农民合作社产品超市，这是农民合作社向纵深发展的表现，是农民生产经营自主意识增强的表现。

（十一）合作社与信用社（金融机构）的合作

农业的规模化、产业化、机械化经营都需要资金支持，合作社与金融机构的合作能很好地解决农民农业投资资金困难的老问题。

（十二）农民合作联社

农民专业合作社联合起来，成立农民合作联社，使农民合作的层次和水平得到提升，使农业生产经营能在一个更大的范围内、更高的平台上进行合作。

第四节 农业龙头企业＋基地＋农户的经营模式

《农业产业化国家重点龙头企业认定和运行监测管理暂行办法》总则第二条指出："农业产业化国家重点龙头企业是指以农产品加工或流通为主业，通过各种利益联结机制与农户相联系，带动农户进入市场，使农产品生产、加工、销售有机结合、相互促进，在规模和经营指标上达到规定标准并经全国农业产业化联席会议认定的企业。"

因此，我们可以说：农业龙头企业（公司）是指以农产品生产、加工和流通为主业，通过各种利益联结机制与当地农户相联系，带动农户进入市场，使农产品生产、加工、销售有机结合、相互促进，在经营规模、产品质量安全、辐射带动能力、企业效益等方面达到一定标准的农业企业。龙头企业通过与农户的直接联结、通过生产基地与农户联结、通过专业合作组织与农户联结等多种形式带动农户进行农业的产业化经营，促进现代农业发展。

一、公司+农户：利益共同体

公司和农户合作最敏感的问题就是利益分配和风险承担。在有些比较成功的公司和农户合作模式中，公司和农户能够做到风险共担，甚至有些公司能够承担大部分市场风险，让农民放心从事农业生产；在利益分配上，这些公司能跟农户结成利益共同体，一损俱损，一荣俱荣，做到公司和农户双赢。

"公司+农户"把分散的农户组织起来。

温氏公司以养殖业为主导性业务，在种苗、饲料、药物、技术、销售、生产等6个环节形成完善的产业链。拿养鸡业来说，其中肉鸡养殖这个环节通过农户来承担。众多的养鸡农户由此形成了社会化、规模化的商品生产；通过温氏这个龙头企业的带动，形成了农业产业化经营的强大合力。

温氏集团"公司+农户"模式的具体实施办法是：农户建好鸡舍，缴纳4元左右的合作互助金（养猪户缴纳200元），领取鸡苗、药物、饲料进行肉鸡饲养。公司设立服务中心，为农户提供全方位的技术指导和服务。每饲养一只鸡可获得毛利润2~3元，公司和农户按5：5的比例分成，因此农户每养一只鸡的收益为1~1.5元，以每人年饲养肉鸡12 000只计，每年收入达1万元以上。

公司和农户结成利益共同体。

"公司+农户"的模式，一方面公司免除了货源（肉鸡）不足的风险，保证了企业规模化经营的实现，还能够减少采购费用；另一方面农户解除了肉鸡饲养上的技术和疫病防治的难题，免除了肉鸡销售上的市场风险和销售成本。

温氏公司坚持与农户"五五分成"的利益分配机制，产业化经营中获得的利润与农户进行"五五分成"，并且保证养鸡户每只鸡有1元到1.5元的利润。在近几年行业遭遇禽流感冲击的情况下，公司没有转嫁风险，仍然确保养鸡户向公司提供的合作产品每只鸡仍有1元钱的利润。公司还建立了二次分配机制，在年终结算时，如果农户的平均收益低于社会同行的平均利润水平，公司将以补贴形式返回农户。此外，公司还提取一定的风险基金，对在养殖中遭遇意外灾害的农户进行补贴，保证农户不亏损。

"公司+农户"的模式还能提高农民的现代农业经营素质，塑造现代农业经营的新型农民。温氏公司每年至少要对农户进行两至三次技术培训，提高养殖户的技术水平。近几年来，每年至少对6万农民进行培训。除了养殖技术的培训，公司还加强对养殖户的法律法规、安全生产、用电用气等方面知识的培训。经过培训，一些农民还成了公司的技术人员或管理人员。

二、公司+农户：保护价

在一些公司和农户的合作模式中，公司对农民的农产品实施"保护价"收购：当合同价格高于市场价格时，以合同价收购农民的农产品；当市场价格高于合同价格时，以市场价格收购农民的农产品；或者以高于市场平均价格收购农民的农产品，保证了农民的利益。

四川省省级龙头企业高州酒业年产白酒超过 2 万吨，每年所需红高粱 5 万吨以上。酒业公司开始采取“公司 + 农户”的方式带动农民种植并向农民收购高粱。酒业公司规定，公司向合同户无偿提供每亩价值 20 元的红高粱种子，200 亩以上的成片基地每亩还赠送化肥 50 千克。成片种植红高粱的农民基本不需要额外投资就能有收获。

在高粱收购价格上，公司实施保护价收购制度，如果保护价低于市场价格，则按市场价收购。红高粱收购时节，最初市场价低于保护价，公司则按保护价收购，后来，市场价高于保护价则随行就市收购，就高不就低。公司曾以每千克 1.44 元的保护价向当地农民收购“订单红高粱”。但因天气原因造成多数高粱生了虫，公司诚信履约，经双方协商按每千克 1 元收购了 300 吨虫蛀红高粱。

酒业公司还帮助农民引种产量高、抗倒伏的优质红高粱品种，结果亩产高达 550 千克，高产高粱 2005 年发展到 50 亩，2014 年迅速发展到 1 万亩，产量的提高带来农民的增收。

三、公司 + 农户：订单价

在有些公司和农户的合作模式中，公司和农户就农产品收购签订合同，约定农产品收购价格及农产品的质量要求，等农产品收获时公司以合同中约定的价格收购农民的农产品，这种收购价格就被称为“订单价”，有的人也把这种合作模式称为“订单农业”。

据《西藏日报》报道，西藏自治区林周县的土豆属于无公害绿色产品，但是由于土豆储藏难、销售难，农民种植土豆的积极性不高。拉萨绿林农产品开发有限公司落户林周县，该公司主营土豆粉丝加工。公司以“公司+农户”的模式带动群众大面积种植土豆。绿林农产品开发有限公司与林周县签订了收购300万千克土豆的订单。公司保证在收购土豆时，价格不低于每千克0.6元。为让农民放心种植土豆，绿林农产品开发有限公司把购买土豆的资金存放在银行里，由县农牧统一支付给农民，确保不欠农民1分钱。林周县南部农区几个乡镇的农民目前种植土豆的积极性大大提高。绿林产品开发有限公司与自治区科技部门还共同出资，为种植土豆的群众发放30万千克优质种子，并向农户提供科学的种植技术服务。

四、公司+农户：协商定价

有的公司和农户根据每年农产品的市场行情、农产品生产成本等因素，通过共同协商或者谈判的方式来决定农产品的收购价格。这种协商定价的方式需要农民具备较强的谈判能力。

五、公司+农户：土地入股

在一些地方，农民将自己的土地拿出来作为股份，成立股份公司，农民成为公司的股东，可获得公司分红。这是一种农民自己组建公司带动农业产业化经营的模式。

六、公司+农户：政府投资

在有些地区，为了促进现代农业发展，一些地方政府或基层组织投资成立农业龙头公司，带动本地农民搞农业产业化经营。

七、跨国公司+农户

有些跨国公司因产品采购的需要，也在中国开展和农户的合作，带动农民从事农产品生产、加工，形成“跨国公司+农户”的合作模式。这种合作模式大大提升了中国新产品国际化的水平，为中国农产品进入世界市场提供了契机。

八、公司+农户：避免利益冲突

“公司+农户”的现代农业经营模式主要靠合同来规范公司和农户双方的责权利关系。但是在市场经济条件下，这种合同的约束力可能并不一定有效力，公司和农户都有可能违约。例如在由于自然灾害导致农产品产量、质量受影响的情况下，农户就有可能不愿履行合同，公司也可能会以产品质量不合要求为由压低农产品收购价；当市场价格高于合同收购价格时，农户也可能不愿履行合同，把农产品拿到市场上去销售而不是按合同卖给公司。相反，当市场价格低于合同收购价格时，龙头企业（公司）也有可能不愿履行合同，会想方设法压低农产品收购价格。大量违约现象的发生，会加剧农户的销售风险，也会增加企业的经营风险。

因此，在“公司+农户”的经营模式下，要想办法尽量避免违约。作为农户来说，要尽量提高自己的法律意识，要熟悉合同法，增强法律维权意识和依法履约意识。作为公司来说；要明明白白跟农户签订合作合同，不能因农民文化素质不高、法律知识缺乏就签订不利于农民的合同。公司在跟农民签约时要明确公司与农户双方的权利和义务，对于利益分割、农产品收购价格等敏感问题尤其要在合同中交代清楚，对于可能出现的风险要有预见性，并在合同中对于风险的分担给出具体的方案。地方政府要引导农民法签约，并帮助农民在与公司签约时依法维护自己的权益；地方政府要监督农业龙头公司跟农户的合作行为，将公司签订不利于农民利益的合同的几率降到最小。

单个的农户或农民相对于农业龙头公司来说是弱者，在与公司谈判的过程中处于不利地位。为了提高农民跟公司谈判的地位，农民最好是能够组织起来，例如成立农民协会或者农民专业合作组织，以组织的方式跟公司谈判，组织对组织，这样农民的利益受侵害的可能性就会大大降低。

第五节　农业科技园区

一、我国农业园区发展概况

农业园区的发展有 100 多年的历史了，农业科技园是社会经济和科学技术水平发展到一定阶段的产物。世界各国把发展农业园区作为农业快速、持续发展的重要途径，是一种以现代农业科技成果的组装、集成与示范、推广为手段，通过土地、资本、技术、人才的高度集中，采取有效措施，建设高水平、多样性园区，带动农业和整个国民经济的发展，提高农业产值和国际市场竞争力。促进传统农业向现代农业的根本性转变，大幅度提高农业整体效益、可持续发展能力、农业和农产品国际竞争力的新型组织形式。

（一）现代农业园区的定义

我国当前急需提高农业生产效益，改变农村落后状况，改善农民生活，农业园区正是随着这种农业发展需要而出现的，是近年来出现的一种新的农业结构形式，是对原有的千家万户分散的小农经济的生产组织形式的突破，已建成的各种农业园区也确实显示了它们在解决“三农”问题中发挥的巨大作用。

现代农业园区目前还没有一个统一、标准的定义。由于农业园区的类型较多，其功能和服务的对象不同，也难以用几句话将现代农业园区加以准确的定义。一般而言，现代农业园区是为大力开发、提升农业，如种植业，禽畜、水产养殖业，农产品加工业和物流业等各类与农业有关的产业，对一定区域给予较高的资金投入，引入现代技术和现代设施，采用先进的组织和管理方式，进行高效运作并有一定规模的集约化农业园，从而获得高的经济效益、生态效益和社会效益，以促使本地区农业可持续发展。

（二）农业科技园区的功能

1. 农业科技体制及运行机制创新功能

提高农业生产水平，增强农业经济竞争力，需要农业科技自主创新能力及成果的支持。农业科技园区就是一个体制创新的产物，通过机制创新，支持农业科技研究与开发的不断创新，同时探索现代农业新的生产模式、新的运行机制、新的管理方式，为推进现代农业、农村经济的发展提供可靠依据和有效途径。

2. 精品生产、加工功能

农业科技园的本质是经济实体，产品生产是其基本功能。但不是一般的农产品，而是最新品种、最好技术培育和加工出来的优质精品，以满足国内外日益提高的消费需要。同时，这类科技含量高的农业商品进入市场，将增强国内产品对已经大举进入的国外同类产品的竞争力，并在国际市场上占有一席之地。

3. 示范推广功能

高新技术武装的现代农业，是我国农业发展史上的历性变革，投入这场变革的主体仍然是广大农民。我国现阶段大多数农民文化素质较低、科技意识还较淡薄，承担风险的能力较弱。针对这个基本国情，农业新技术推广的一个重要方法是现场示范，农民亲眼看到好才能认可应用。农业科技园这种现代事物的出现，对提高农民对科技威力和现代农业的认识将发挥有效的示范作用。

4. 辐射带动功能

事物的发展，由低级到高级，由传统到创新，由部分到整体，要有适应生产力发展的先进的因素来带动。农业科技园这个生长点的制高点，就具有带动农村生产力发展、农业新技术应用和农业现代化建设的作用。带动作用主要体现在：一是通过园区和种苗繁育中心，带动名优品种普及推广；二是通过园区现场与理论结合的技术培训，带动广大农民素质和应用新技术水平的提高；三是农产品加工和农业高新技术在园区的产业化，可成为带动当地农户种植业、养殖业和加工业发展的龙头。

5. 展示教育功能

通过园区农业先进适用技术和标准化生产模式的发展，提高农民对现代农业的认识，增强农民学科学、用科学、依靠科学增收致富奔小康的信心。同时为前来的参观考察者、青年学生提供看得见、摸得着的现代农业科普教育，使他们了解农业、关心农业、参与农业现代化建设。

6. 休闲观光功能

都市农业中的现代农业科技园区，既保持农业的自然属性，又具有农业新型设施的现代气息，加上园林化整体设计和长年生长的名特优果蔬、花卉、珍禽、名鱼装点其间，争奇斗艳，形成融科学性、艺术性、文化性为一体的人地合一的现代休闲观光景点，成为城市综合体的有机组成部分。

7. 龙头企业孵化、培育功能

园区将推动科技体制改革的进一步深化，支持其技术成果的产权化（实现专利、品种权等知识产权）、资产化、产业化，孵化出具有自主创新能力的科技型农业龙头企业。同时，积极吸引多元化的企业入园，通过政府引导、专家指导、企业运作，提高企业的科技创新能力及产品的科技含量，不断培育出具有国际市场地位的品牌农产品，以及具有国际竞争力的农业企业集团。

8. 农业科技、市场信息服务功能

园区建设将汇集技术市场等各种信息，并通过互联网各种渠道，将这些信息进行扩散和传播，进而加速农业农村信息化进程。这对由于信息不对称给农村经济发展、农民生产经营带来的制约以致损害将有极大地改善，可有力地支持农业现代化发展及农村社会进步。

（三）发展现代农业园区的意义

1. 增加农民收入

农业园区的建设促进农业结构多元化。计划经济时代，我国农业结构很单一，主要是种植业，养殖业较少，人们以粮食和蔬菜为主填饱肚子，农民很贫穷，老百姓的食品不丰富，营养不良，享受的物质生活水平低，更谈不上农业文化的享受。从世界各国包括发达国家的当前情况来看，单一的农业也在逐渐衰败，特别是小型农场更为严重，甚至面临破产的局面，也在寻求农业多元化的发展道路。农业结构的多元化，是以区域内整体资源优势及特点为基础，围绕市场需求，以科技为先导建立起来的诸如种植业、养殖业、特色农业、精品农业、旅游农业、观光农业、劳作体验农业、加工业、服务业等，瞄向高附加值的产业的开发，使农业立足于不断发展、繁荣、兴旺之地。另外，多元化农业把经济效益、生态效益和社会效益作为统一体考虑，以自然资源的保护和开发并重为原则，在保护中求发展，在发展中求保护。保护农业区域生物多样性，保护水质、空气质量、土壤健康和野生动物，保护农村自然景观，生产清洁燃料等，都会带来积极的社会效益。

2. 加快产业化、规模化

农业园区的建设吸引政府和民营企业投入，可促进农业产业化、规模化。农业产业化是实现传统农业转变为现代农业的过程，引导分散的农户小生产转变为社会化大生产的组织形式，是多方参与者自愿结成的经济利益共同体，是农业市场的基本经营方式和自我积累、自我调节、自主发展的运行机制。以市场为导向、经济效益为中心，通过农业的企业化经营，将生产、加工、储存、运输、销售、标准、管理等紧密地结合在一起，不仅保证了产品的有序供应和质量，还组成了一个能实现不同群体最大利益的共同体，农民不再以势单力薄的形象出现在市场，而是以平等贸易伙伴身份参与市场竞争，分享市场交易成果，提高了农业在市场竞争中的地位，使农业产业由弱变强，降低了农业经营的风险性，提高了农业经济效益，保证了农民的稳定收入。同时，建立有特色的农产品加工工业园区，可以大大提高农产品加工深度和延长产业链，可以进一步集聚农产品加工企业，增强农产品生产企业的实力，较快地扩大生产经营规模和提升农产品档次，实现农产品的优质化和增值，提高农业的市场化水平。现在我国出现“基地带农户”、“公司加农户”、“协会连农户”、“科技组织连接农户”等多种形式的农业产业化结构。开展农业旅游，也必须产业化。只有政府、农民、企业密切合作，才能将地方优美的自然资源、民族文化、特色农业，以及当地文化艺术、文化娱乐、民间工艺品等产业统一规划、合理利用和提升，才能更好地提高农民的素质以适应旅游产业要求。

3. 提高科技水平

建设现代农业园区的过程，是实行产、学、研一体化发展的过程，可加快先进的科学技术应用到农业生产实际中。建设农业园区，可推进农业规范化、标准化、品牌化、信息化。由于园区合理、高效利用该地区的自然、环境、人文等资源优势，推广先进技术如无土栽培技术、节水灌概技术、工厂化育苗技术、标准化生产技术、农业现代化管理信息系统、现代高效持续农业模式等，不断增加和更新优势产业品种，提高产量，改善品质，提高效率，实现高起点、跨越式发展，导致科技对农业的贡献率明显提高。农民的思想观念和文化素质在培训班、现场参观学习中得到提高。现代农业园区具有很强的辐射带动作用，可推进当地农业与农村现代化进程，加快区域与农村现代化建设，有利于增强农业竞争力。根据农业部统计，若把现有2 000多项农业科研成果推广下去，教给农民掌握，每年粮食产量最少增加5%，创造的价值将不低于100个亿。在农业产业化园区中，食品从田间流动到餐桌的各个环节，都是在先进技术的控制和规范管理下进行，由经过严格培训的工人上岗操作，可保证到达餐桌的食品安全、优质。园区的文化设施、网络建设也可带动当地群众科学文化水平的提高。

4. 建立和谐社会

园区建设不仅带动农业的发展，提高农民收入，改变农村面貌，减少城乡差别，而且为城市居民提供了更为丰富、优质、廉价的农产品以及多种多样的文化享受，使环境更加舒适、安全，自然、动物等得到保护。政府和公民之间、农民和市民之间、人和自然之间、人和动物之间相处和谐，身心健康。

二、现代农业园区的类型

现代农业园区类型的分类方法很多，如按经济类型分、按示范内容分、按经营方式分、按功能类型分等。即使同一类型的农业园，名称也不尽相同，目前尚无统一的规范和标准。为了理顺现代农业园区的各种名称，根据相关资料分析，按照园区的功能归纳为以下几类。

（一）新农村家园

中国共产党十六届五中全会对社会主义新农村的定义为：生产发展，生活宽裕，乡风文明，村容整洁，管理民主。这就是新农村家园的方向。

（二）农业科技园区

包括农业示范园、农业科技示范园、高新农业技术示范园、工厂化高效农业示范园、高效农业示范园、持续高效农业示范园等。这类园区的主要功能是示范和教育，把新技术、新成果、新的运行机制和新的管理体制应用到园区，为农业、养殖业等带来优质、安全、高产等效果，向农民示范和推广。

（三）农业旅游园区

这类园区包括观光农业园、休闲农业园、采摘农业园（水果采摘园、蔬菜采摘园、垂钓园等)、生态旅游园、民俗观光园、保健农业园、教育农业园等。农业旅游园区的主要功能是以农业资源、农村特色、农村自然景观和天然风光为内容,以城市居民为目标市场,开展观赏、体验农作、品尝、购物、休闲、娱乐、度假、健身等各种旅游活动,从而提高农业经济效益,丰富市民的物质和文化生活。

(四)农业产业化园区

产业化反映在各个农业产品领域,如粮食生产产业化、肉类生产产业化、奶业生产产业化、温室业产业化等。农业产业化园区的功能是以一类农产品为核心,投入较高的资金,进行生产、加工、销售一体化的活动,以市场为导向,以提高经济效益为中心,形成一个产业体系。该体系对本地区的主导农产品实行专业化生产、系列化加工、企业化管理、一体化经营、社会化服务,使农业走上自我积累、自我发展、自我调节的良性发展轨道。

(五)城市型生态农业园

城市型生态农业园在农村是以农民为主体经营的生态农庄,在城市可称做市民生态农园。它是将农林生产用地以园区空间形式整合,发挥集聚效应,以优良品种、先进的农业生技术,实现资源利用和生态保护,改善城市生态环境,增加景观功能、休闲和农业教育功能。园区一般以种植业为主产业,利用田园风光和自然生态资源,依托都市内部的经济辖射和都市市场需求,建设融生产性、生活性、生态性于一体的现代化农业体系。美国等发达国家在 19 世纪中期就掀起“城市公园化运动”。1898 年英国提出“田园城市”理论,每个居民的公共绿地面积不低于 35 平方米。从 20 世纪 70 年代起,全球都市农业进入加速发展的新时期，美国、德国、法国的观光农场，日本、中国台湾的观光农园和市民农园，都是各具特色的都市农业发展的成功模式。

（六）农产品物流园区

据国家标准《物流用语》（GBT 18354—2001）对物流的定义，物流是指物品从供应地向接收地的实体流动过程，其中包括配送。但在现实的农产品物流中，具有配送功能的企业较少，虽然也有一些农产品配送公司，如农产品批发市场、粮食批发市场、蔬菜批发市场、水产品批发市场等。完善的现代农产品物流园是农产品流通的枢纽，它把农产品以最快的速度从田间及时送到消费者的手中，并在农产品的数量、质量、安全、新鲜、花色和品种上，满足消费者的要求；同时保证农产品的畅通销售渠道，减少农户生产的盲目性，降低农户的经营风险，保证农民的收入。农产品从产地到消费者手中要完成收购、运输、储存、装卸、搬运、包装、配送、流通、加工、分销、产品质量监控和信息活动等一系列环节。现代农产品物流园拥有完善的物流设施、先进的物流技术以及良好的生态环境。

（七）生态餐厅园区

生态餐厅园区包括温室餐厅、体验式餐厅等。生态餐厅的功能是使就餐者在一种温度适宜、优美的生态自然景观环境中，在远离城市的喧嚣、安静舒适的环境中品尝健康美食。

第九章 现代农业经营信息利用及管理

第一节 现代农业经营需要的信息

一、市场信息

市场信息是指对市场上各种经济关系和各种经济活动现状、经济活动的变化情况以及与市场营销有关的各种消息、情报、图表、数据资料的总称。市场信息一般通过文字、语言、数据、凭证、报表、符号、广告、商情等表现和传递，对农业生产经营具有重要的作用。

农业经营者通过分析市场信息，可以掌握和利用经营机会，制定经营策略，使企业在激烈的市场竞争中求得生存和发展。农产品市场信息可以细分为以下几种。

（一）农产品价格信息

农业生产经营的主要目的是取得盈利，在考虑生产项目时，成本与价格比是决定盈利最主要的因素之一。对于生产成本，生产经营者比较熟悉，也较易掌握。然而，产品在市场上的价格却常常是一个变量，需要用大量的时间和精力去了解。与其他产品的市场价格不同，农产品的市场价格往往有以下几个特点。

1. 各地差异大

在农产品中，运输困难、保鲜程度高的鲜活农产品，以及特殊用户需要的农产品地区差价更为明显。粮食、棉花、食用油等既是大众用品，又便于保存，产品价格地区差异并不大。

2. 价格变化快

从统计分析的结果来看，农产品市场价格的变化明显大于工业品和服务，其中，价格变化最快的当属鲜活农产品，而青菜的价格又是鲜活农产品中变化最快的。古时候经商者就有“好马赶不上青菜行”的说法，部分产品不但每天的价格不同，而且早晚价格也有一定的变化。由于在一个区域、一定时间内市场需求是基本稳定的，当大量农产品集中上市时，常常会使价格大幅度下降，而当缺乏某农产品时，又常常使这一农产品价格大幅度上涨，造成市场价格的巨大波动。

3. 质量差价大

进入21世纪后，随着我国农产品市场的日益繁荣，产品的质量档次在逐步拉开，同一农产品的价格因品牌、质量等的不同价格也有了很大的差距。在当前的市场条件下，农业经营管理者不能简单地了解某一品种的农产品价格为多少，还需要了解农产品在各种不同的产地、品种、规格、品牌、质量、等级条件下的市场价格。

4. 变化有一定的规律

农产品市场价格变化快，幅度大。然而，看似起伏不定的农产品价格变化却也有一定的规律可循，农产品的市场价格主要是由市场供求决定的，掌握这一点，对农产品市场价格的变化会有深入的认识和理解。

5. 农产品需求信息

农产品市场价格是由供应与需求决定的。产品的供应掌握在生产者手中，而需求是消费行为。了解农产品需求信息，需要了解哪些因素决定消费的需求。一般来说，决定农产品需求的因素有人口数量、消费者的收入水平、需求习惯、产品广告的作用等。在农业经营活动中，特别需要了解下列需求信息。

6. 批零市场的农产品需求

农产品批发与零售市场是生产经营者最容易认识，也是最直接了解市场需求信息的渠道，这是目前农业生产经营单位认识农产品市场信息的主渠道。由于需求变化时价格会相应变化，农业生产者可以通过价格信息认识对农产品需求变化的方向及变化程度。

7. 加工企业的农产品需求

随着经济的发展，我国农产品加工的比例在不断增长，今后还有持续增长的趋势。目前，发达国家农产品加工的比例占到全部产品的90%左右，我国达到这一比例还需要经过多年的努力。

8. 直接消费需求

进入21世纪后，大型连锁超市、连锁餐馆等企业的发展速度非常快，如在北京市场上，连锁企业销售的部分品种的农产品已经占到该产品销售额的40%左右。

9. 农产品出口的需求

我国出口的农产品主要有水产品、园艺产品、蔬菜、干果、水果、肉类、禽蛋等。出口农产品一般是采购商直接与农业生产单位联系，或者农业生产单位自行组织出口，在国内农产品市场上很难了解这方面的信息，但可以从外贸企业，或在有关统计报表上了解农产品出口的需求。

（二）农产品市场趋势信息

了解农产品市场信息的目的是用于农业生产决策。在收集的信息中，主要是过去的信息和当前的信息，对于企业决策最为重要的未来信息虽然不可能通过简易的收集得到，但可以通过收集相关信息预测农产品市场的趋势。

二、生产条件信息

农业生产受自然条件影响较大，同时也受到生产资料供应、运输、技术等条件的制约，在决策时还需要掌握农业生产条件相关信息。

（一）农业生产的基本条件

土壤、气候、水文是农业生产的基本条件。了解这些条件需要掌握长时间的资料，需要进行一定的分析，需要有科学的手段，特别是进行农业生产基本建设时，不掌握这些基本信息往往会有较大的损失。

（二）农业生产的竞争条件

生产农产品要取得较好的经济效益，需要在市场上有竞争优势。因此，农业经营管理者还需要掌握有关竞争者的信息，主要包括竞争者的自然条件和外部条件。然条件的优劣决定了不同的地区最适合、较适合与不适合某些农产品的生产，最适合本地生产的农产品，可以获得可观的经济效益。外部经济条件是指一个区域形成对某一产品生产销售的有利条件。在当前，农业生产的专业区域开始出现，在区域中已经形成了对相关产品的科学研究、销售组织、技术培训、生产资料供应、产品对外宣传等条件，在其他区域中生产同种产品时由于缺乏上述外部经济条件，很难得到良好的经济效益。

三、产业发展信息

农业经营者除了需要了解市场及竞争者外，还要详细了解本产业的相关信息。产业发展信息包括产品生产的总量、新品种和新技术、替代产品和互补产品及服务信息等。

农业服务能够提高专业水平，可以在较低投入的同时获得明显的经济效益，可以解决农业生产者的难题。

四、相关政策信息

国家政策直接或间接地影响着农业生产或农业生产条件，农业生产经营者必须全面了解各种政策及相关法律、法规，其中，要重点关注以下几点。

（一）农业生产政策

涉及农业生产的政策包括土地政策、水利政策、农业生产资料政策、农产品收购政策等。除了国家的政策外，各省市、区县甚至各乡镇对农业生产也有相关政策，如为了加快某一产品产业化发展，制定的在一定时间内的奖励、补贴政策等。了解并用好、用足这些政策，有利于在现有条件下加快农业生产的发展。

（二）农产品运销政策

农产品市场价格直接或间接地受到国家有关农产品运输和市场销售相关政策的影响，农业生产者需要了解这些政策，考虑这些政策对农业生产效益的影响。如国家制定的农产品运输绿色通道政策，在一定程度上减少了农产品的运输成本，使当地的农产品有可能运送到更远的区域销售，从而扩大其市场。

（三）农业的法律、法规

涉及农业生产的法律法规主要有农业生产法律制度、农业企业法律制度、农村自然资源法律、农业环境保护法律制度等。有些法律与农业生产有间接的关系，也需要有一定的了解，如环境保护法、能源法等。对于养殖户来说，如果要发展特种养殖，还需要了解野生动物保护法等。

第二节　收集和应用农业经营信息

进入21世纪后，社会信息量大幅度增长，为农业生产经营者收集和利用各方面信息提供了有利的条件，同时也带来了大量的无用和虚假信息。农业经营管理者要学会以较小的投入收集到较多的有用经营信息，同时正确运用于农业生产中。

一、农业经营信息来源

我们比较熟悉和经常使用的农业经营信息来源主要有电视、广播、杂志、网络、报纸等，各种信息来源有其自身的特点。

（一）广播

广播的优点是费用低，收听方便，但专业性差，有关信息很不详细，同时信息不易储存，整理不方便。

（二）电视

电视的优点是直观，可以看到有关农业生产和农产品市场的实际情况。电视的天气预报不但有各项数据，而且有趋势分析，有利于农业经营管理者提前做好有关安排。目前电视中有专业的农业频道，介绍农业生产新技术、新品种、生产的经验及各地农产品市场信息等。电视信息比广播更生动，更直观，但其专业性不高，目前储存信息还比较困难。

（三）报刊

有关农业的报特别是地区性专业报刊的针对性很强，信息量虽然小但与农业经营管理者有直接的关系，是了解当地农业生产信息的重要渠道之一。报刊方便储存，有关信息的整理，利用很方便，但信息的传递需要的时间长，工作量大，信息的时效性较差。

我国几种农业类报纸杂志列举如下。

农业类：《农民日报》《中国农村经济》《中国乳业》《甘肃畜牧兽医》《中国畜牧兽医》《吉林畜牧兽医》。

园艺花卉类：《中国蔬菜》《蔬菜》《中国园艺文摘》《温室园艺》。

农学农作物类：《中国农业气象》《作物学报》《中国种业》《云南植物研究》。

粮油食品类：《农产品加工》《绿色食品》《食品科学》《中国食物与营养》。

林业类：《中国林业教育》《林业科技开发》《中国城市林业》《世界竹藤通讯》。

农资农机类：《中国农业文摘——农业工程》《包装与食品机械》《农民日报》《中国农村经济》。

水产渔业海洋类：《中国水产文摘》《中国水产科学》《中国观赏鱼》《北京水产》。

（四）书籍

书籍的最大特点是专业性强，信息比较详细。目前，越来越多的出版单位考虑到农业生产的特点，出版的书籍简便易携带，有口袋书之称，这些书籍可以及时向农业经营管理者介绍有关政策、法律及农业新技术知识，受到农业经营管理者的欢迎。

（五）电子媒介

与书籍相比，电子媒介的成本更低，信息量大，出版速度更快，复制更为简单，更容易普及。由于音像媒介可将有关信息以多种形式表现出来，农民更容易理解和接受，逐步成为传递某些信息的主要渠道之一。

（六）网络信息

网络信息量大，选择性强，有强大的查询功能，同时可以与有关单位进行直接联系，将本单位的信息发送给有关单位。网络信息的出现在一定程度上改变了农村信息闭塞的状况，未来可能成为农村中最重要的信息渠道。

（七）收集信息的方法

收集信息的方法很多，采用哪一种方法主要是根据生产经营者的规模、需要、信息带来的效益等进行选择。

（八）个人收集或专人收集

个人收集是个人在工作之中以及工作之余收集的各类农业经营信息。

对于部分重大信息，对于影响企业经营管理的至关重要的信息，对于经常变化的信息等，个人兼业收集可能效果较差。这类信息需要有专人负责收集。

无论个人收集或者专人收集，常用的方法有如下几种。

1. 市场调研

市场调研分为二手资料调研和实地调研。二手资料调研是对已经存在并已为某种目的而收集起来的信息进行的调研活动，也就是对二手资料进行搜集、筛选，并加以使用。这一方法方便、快捷、效率高、花费时间少，但同时具体性差，难以收集到针对性强的资料，且资料的可靠性差。实地调研是指由调研人员亲自搜集第一手资料的过程。实地调研的方法主要有访问法、观察法和实验法三种。在一些情况下，二手资料调研无法满足调研目的，就需要适时地进行实地调研来解决问题，取得第一手的资料和情报。

2. 专题讲座

目前，一些农业科研单位或企业为了推广其技术和产品经常到农村举行各种专题讲座。这类讲座主讲人往往是专家，可针对不同的听众调整讲座的内容。许多农业技术的讲座是免费的，有些仅收取少量的费用，个别讲座甚至向听众付费或免费提供一餐。其中不少讲座提供的信息对农业生产有较大的帮助，有些信息解决了部分农业生产单位的难题。

3. 参观考察

为了宣传农业的新技术、新成果，每年我国及各地都有专业的和综合的农业展览会或有关农业中某一行业或产品的展览会、展销会等。在这些展览会、展销会上集中反映了农业生产和销售的有关信息，同时还可与有关方面进行交流，实地考察可以得到更丰富的信息。

（九）委托收集

有些信息对于农业生产经营单位有着特别重大的意义，同时这些信息又不能从公共媒体中及时准确地获得，此时就需要委托有关单位或个人专业完成信息的收集工作。特别是产品以销往外地或国外为主的生产单位，要及时、准确掌握外地、外国的市场行情，可以通过付费的方法，委托当地的人员或单位完成信息的收集工作。

（十）购买信息

目前，社会上有专业的信息中心、咨询中心等。这些单位的主要业务是为有关企业或个人收集其所需要的信息。这些单位的专业性比较强，信息渠道广，经验比较丰富，通过合同可以对其工作提出明确的要求，购买的信息比较可信。在进行生产经营重大决策，如项目可行性研究以及投标等时，通过购买获取完整的信息，常常有较好的效果。

二、收集农业信息时需要注意的问题

21 世纪是信息化的社会，社会上的信息很多，收集农业信息并不难，但用较小的投入收集到有用的信息并不容易。在收集农业经营信息时需要注意以下问题。

（一）有明确的目的

在形形色色的信息面前，农业经营管理者始终需要掌握的一点是，农业生产的目的是获取更大的盈利，是取得良好的经济效益。为此，需要在降低生产成本的同时，提高生产的收益。农业生产经营信息的收集要服务于这一目的。

（二）收集有用的信息

面对社会上的大量信息，判断哪些信息是有用的，哪些信息是无用的有一定难度，也需要做大量的工作。根据成功企业的经验，可以用以下 5 个标准判断信息的有用性。

有效性。即该信息用于农业生产中是否可以获得相应的效果，可以提高生产的效率或降低生产的成本，可以解决农业生产中的问题。

可靠性。在收集农业信息时，可靠的信息往往来自权威的信息发布单位，如农业部发布的农业信息，专业刊物上专家发布的信息等。

及时性。对于当前生产经营决策中所用的信息最好是实时信息，或者是在有效期内的信息。

准确性。信息不准确的原因是多方面的。信息收集人员的失误，计量工具的不准确，收集人员迎合信息需要者的偏好，以及有意发出的不准确信息都会影响信息的准确程度。即使是权威信息发布单位发布的信息在特定情况下也会有较大的偏差，利用不准确的信息制定决策必定会产生失误。

全面性。在农业生产中，收集新技术、新产品的信息时还需要注意信息的全面性。在我们看到的有关材料中，各种新技术的信息往往强调其优点的一面，而对于这种技术的缺点、问题、不适用的场合等很少提及。对于新品种也常常是强调其增产、增收的作用，对其缺点和问题很少有详细的说明。此时需要农业生产单位进一步了解这些新技术、新产品的缺点及问题等，只有掌握全面的信息才能对事物有正确的认识。

（三）适当收集信息

在信息社会中，收集信息要有适当的度，既不要忽视信息的收集工作，也不要过量收集信息。我们收集信息的目的是增加农业生产的收益，一般情况下，只要收集信息的投入小于农业生产增收的产出，就可以认为信息收集的工作量是适当的。如果将投入于农业信息收集的工作用于农业生产的其他方面会有更高的收益时，就可以认为此时农业信息收集的投入量已经过大，需要适当减少这方面的投入，转到农业生产经营工作的其他方面。

（四）信息的应用

收集信息的目的是为了应用，信息的应用主要有5个过程。

1. 筛选

筛选是对信息进行分类与挑选，筛选信息时有不同的分类方法，常用的是根据重大和紧迫程度对信息的分类。首先选出重大而紧迫的信息，这些信息有重大影响，而且需要立即采取相应对策；其次是选出不重要但很紧迫的信息，这些信息虽然没有重大影响，但需要立即采取相应的对策；第三是选出重大但不紧迫的信息，这些信息的内容需要认真考虑，但不需要马上处理；第四是选出不重要也不紧迫的信息，这些只是参考信息，有时间和精力时可以考虑，也可以不考虑。

2. 鉴别

鉴别是去除虚假不实、可疑信息，保证采用的信息真实可信。鉴别信息时，既要注意不要将虚假的信息当作真实的信息，同时也要注意不将真实的信息当成虚假信息。无论出现哪一种情况，都会对指导农业生产带来不利的影响。

鉴别信息真伪的方法有很多，简单的方法有以下3种：一是逻辑推理的方法，不合乎逻辑的是可疑信息；二是验证方法，即通过其他渠道得到的信息与需要鉴别的信息内容是否一致，不一致的是可疑信息；三是确定信息发布单位的方法，不可信单位发布的信息也是可疑信息。

3. 分析

信息的分析是对有关信息去粗取精，去伪存真，由此及彼，由表及里的认识过程。信息只表达了客观的情况，这些信息反映了哪些问题需要进行分析才能够真正认识。对信息的分析有不同的方法，其中定性分析是对信息性质的认识，而定量分析是对信息中有关数量的认识。收集来的信息反映的是零星的、表面的、杂乱的情况，将相关的信息综合在一起，利用表格、图形等数量分析的工具，有助于认识收集到的信息中有哪些规律性。

4. 判断

判断是指根据信息分析来判别当前以及未来可能发生的变化，并根据变化来做出自己的决策。判断的基础是信息的收集、分析，以及对所掌握信息的深入思索。由于农业生产的周期较长，能否提前做好准备，抓住有利的机会，避开不利的风险，主要取决于对当前形势判断的正确与否。为了获得更好的收益，除了趋势的判断外，还需要有数量上的判断，如对于产品市场价格的变化，仅仅能够判断未来上涨还是下降是不够的，能够判断未来市场在哪一时点，有多大幅度的价格变化，才更有利于农业经营管理者做出正确的抉择。

5. 验证

对于重大信息的有效性和可信程度，仅仅有对于信息的分析和鉴别还是不够的，如果有条件，在进行决策前还需要进一步对相关信息进行验证。验证可以帮助我们坚定信心或避免失误。农业经营管理者验证信息的主要方法有两个：一是小型实验，特别是对于农业新技术、新产品是否适合当地的条件，是否能够为现有的生产者所掌握等，通过小型实验的方法进行验证可以更完全地掌握有关信息的内容。二是进行实地调查，所谓眼见为实，通过实地考察认识信息的内容，检验其真伪。

第三节 农业生产经营信息的发布

在农业生产经营中，经营管理者在收集信息的同时，也需要对外发布相关信息。

一、农业生产经营需要发布的信息

农业生产经营需要发布的信息主要包括生产资料需求信息，专业服务需求信息、产品供给信息以及贯穿于整个过程的经营管理信息。

1. 生产资料需求信息

市场上有大量的生产资料销售商，这些生产资料的销售商掌握着不同价格和质量的生产资料。农业经营管理者及时发出对生产资料的需求信息，有助于沟通与供应商的联系，得到所需要的农业生产资料。

2. 服务需求信息

目前，农作物生产从生产前的土壤分析，生产中的机耕、播种到生产后的收割、储存和运输都有专业服务的组织。在畜牧业生产中，从养殖场的设计，种苗的提供，畜禽的防疫，到饲料的供应、产品的运输等也都有专业服务组织。及时发布服务需求信息，联系质量高、收费合理的专业服务队伍，既可保证不误农时，又可以提高工作效率。

3. 产品销售信息

农业生产的绝大多数产品需要通过市场销售。目前虽然有大量的农产品收购商直接找到农业经营者，但为了更有效地完成销售，农业经营者还需要及时发布有关产品销售的信息，使更多的经销商了解当地农业生产的品种、数量、质量等。

4. 经营管理需求

通过发布农业生产所需的劳动力、经营管理人才等相关信息，可以扩大对生产和管理人员的选择面，找到更适合于农业生产的员工，提高农业的生产效率。通过相关信息的发布，还可以找农业生产所需要的土地、水面及扩大农业生产所需要的资金、技术、培训等方面的支持。

二、发布信息的渠道

发布农业经营信息的渠道多种多样，主要有以下几种。

1. 口头传递

口头传递是通过交谈、电话等以口头形式表达需要传递的信息。人员推销是口头传递的一种典型形式，这一方法指销售人员携带一定的宣传材料，口头介绍自己的产品，包括产品的价格、特点、生产单位的联系方法等。发布的口头信息要清楚、明确。发出信息后要守信，有关承诺要落实。

2. 发布广告

对于需要经常发布的信息，还可以采用广告的形式。最简单的广告有农业生产单位的宣传牌，说明本单位的性质、生产的特点和主要产品、联系人、联系方法等。另外，针对相关活动制作的印刷品，以及农产品包装物上的说明等也有广告的作用。如果有特殊的需要，还可以考虑在公众媒体上发布广告。

3. 展览、展销

根据不少农业经营管理者的经验，大多数新产品在相关的展览、展销会上进行宣传，往往能够获得较好的效果。特别是在地区性或专业性的展览、展销会上，由于参会的人员有明确的目的，专业性较强，对农业生产单位发布的信息比较敏感，同时接收信息的人员多数有一定的决策或建议权，有时只需要有几个大中型生产经营单位的相关人员注意到本单位所发布的信息就能够收到明显的效果。

4. 专业会议

专业会议集中了相关行业的管理人员或技术人员，在这种专业会议上如果能够发布本单位的信息也会有较好的效果。如林果生产者在饮料专业会议上发布果品生产的信息，粮食生产者在饲料会议上发布饲料粮生产的信息，蔬菜和畜禽生产单位在餐饮行业的会议上发布的农产品生产信息等均属于生产单位向需求单位直接发布的信息，常常可以带来直接的效益。另外，在相关的农业技术研讨会上发布对技术的需求信息，在生产资料行业举行的会议上发布对生产资料的需求信息同样可能取得直接的效果。

5. 互联网络

随着互联网络的普及，利用互联网发布信息成为农业经营管理者普遍采用的方法。互联网上发布的信息可图文并茂，生动直观，随时更换。同时，在互联网上发布信息的投入不高，技术不复杂，接受信息的区域广泛，有利于将生产的产品介绍到世界各地。

三、发布信息需要注意的问题

1. 信息发布的权限

只有经营负责人才有权力发布农业生产单位的信息，员工和下属未得到许可是不能发布信息的。

2. 保守生产经营机密

生产经营者在发布有关信息时要保守生产经营中的机密，注意不要在发布信息时将企业内部的消息透露出去。如农业生产的成本、价格底线与其他单位的交易情况等。发布信息时只发布让有关单位和人员了解的内容，不要将无关内容也同时发出。如，急需某些生产资料的信息发布中不宜将“急需”透露给供应商，否则在以后合同的谈判中将处于不利的地位。在销售信息发布时亦如此，即使是在销售有一定困难，单位急需资金周转的情况下，也不宜将“急需”资金周转这类信息透露给收购商，这样容易让收购商压低农产品的收购价格。

3. 把握机会

对于每个地区或特定的农产品，在特定的时间内发布信息常常有较好的效果，在发布信息时，要注意把握这类的机会。如当地举办与农产品有关的活动时，或外来经销、采购商大量涌入时，或外来人员较多时，此时发布信息可能让更多的专业人员或消费群体所认识，一旦错过这一时间，进行的工作会事倍功半。

4. 突出重点

发布信息的目的是让有关人员认识或感兴趣。由于目前社会上发布的信息数量庞大，让有关人员重视农业经营管理者发布的信息并不容易。这就需要在发布信息前详细分析我们需要解决的主要问题是什么，哪些可能引起相关人员的兴趣，在发布信息时要对发布的内容精心整理以突出重点，发布的内容要短小精悍，一目了然，这样的信息往往会有好的效果。

5. 衡量效益

发布信息需要有一定的投入，这就需要对发布信息的方式、方法、力度、投入量等有一定的选择，力求用经济实用的手段，以最小的投入，获取最大的收益。在实际工作中，农业经营管理者发布信息时都不会只用单一的方法，而是多种形式的组合，此时，如何组合才有更好的效果，也需要有一定的衡量。从信息的发布到取得效益有时需要有一个过程，对于不能立竿见影的信息，也需要在一定的时间内坚持发布，让有关的经销商对生产单位的需求等有更深的印象和了解。

第十章　新型职业农民扶持政策

第一节　粮食直补政策

粮食直补政策就是把原来通过粮食流通环节的间接补贴改为对农民的直接补贴。实施对种粮农民直接补贴的政策，粮食补贴与流通环节脱钩，彻底改变了多年来补贴流通环节、补贴城市消费者、补贴企业的做法，补贴转入生产过程，由暗补变明补，由间接补贴变为直接补贴，使农民成了国家农业补贴的直接受益者。这项政策从 2004 年开始实施，补贴以粮食主产区为重点，对从事粮食生产的农民按照种粮面积直接补贴。实行对种粮农民补贴，补贴资金原则上要求发放到从事粮食生产的农民，具体由各省级人民政府根据实际情况确定。

第二节　良种补贴

良种补贴政策从 2002 年开始实施，主要是由国家财政对农民购买使用良种进行补贴，鼓励良种的推广应用。自实施以来，良种补贴政策的范围逐步扩大，资金规模逐年增加。目前，良种补贴已经由大豆一个品种扩大到主要作物的优势产区。早稻、小麦、玉米、大豆和油菜每亩（667 平方米）补贴 10 元，中晚稻、棉花每亩补贴 15 元；水稻、玉米、油菜补贴采取现金直接补贴方式，小麦、大豆、棉花可采取统一招标、差价购种补贴方式，也可现金直接补贴，具体由各省根据实际情况确定。

第三节 农资综合补贴

从2006年开始，针对农资价格大幅度上涨影响种粮农民收益的情况，国家借燃油价格调整的契机，开始建立农资涨价综合直接补贴制度，对种粮农民因化肥、农药、农用柴油等农资价格上涨带来的损失进行补偿。农资综合直补主要是依农资价格的相对变化而定，目的在于补偿因农资涨价增加的粮食生产成本。继续建立和完善农资综合补贴动态调整制度，根据化肥、柴油等农资价格变动，遵循“价补统筹、动态调整、只增不减”的原则及时安排农资综合补贴资金，合理弥补种粮农民增加的农业生产资料成本。

第四节 农机具购置补贴

从2004年开始实施农机具购置补贴政策，对农民个人、农场职工、农机专业户和直接从事农业生产的农机服务组织购置和更新大型农机具给予一定补贴。其目的在于鼓励农民购买先进农机具，促进农机化发展和提高农业生产的物资装备水平。目前，农机购置补贴已扩大到所有的农业县，补贴机具种类主要包括大中型拖拉机、耕作机械、种植机械、植保机械、收获机械、粮食干燥机械等。

第五节 金融补贴

一、农业保险保费补贴

自国家开展农业保险保费补贴试点以来，农业保险的投入不断加大、品种不断增加、范围不断扩大，为有效化解农业灾害风险发挥了积极作用。农业保险机制还不完善，补贴的品种和范围还有限，巨灾风险防范机制还未建立。为此，中央“一号文件”提出要加快发展农业保险，从以下 3 个方面完善现行农业保险保费补贴政策。

（1）积极扩大农业保险保费补贴的品种和范围。开展试点以来，实行农业保险保费补贴的省份已达 16 个，补贴品种包括玉米、水稻、小麦、棉花等大宗农作物，大豆、花生、油菜等油料作物，以及繁种母猪和奶牛等重要畜产品。今后，中央还将继续增加农业保险试点区域，增加农业保险试点品种，扩大农业保险覆盖面，使更多的农民能享受到农业保险的保障。

（2）加大中央财政对中西部地区的保费补贴力度。现行农业保险保费补贴政策要求地方财政提供配套资金，但中西部地区农业大省（市、县）多数财政实力较弱，补贴资金到位难，影响了保费补贴政策的实施，因此，中央一号文件提出要加大中央财政对中西部地区保费补贴力度，降低地方财政分摊保费补贴的比例，以减少中西部地区的资金压力，鼓励地方发展农业保险。

（3）鼓励各地对特色农业、农房等保险进行保费补贴。近年来，一些地方以发展当地特色经济为重点，积极开展蔬菜、橡胶、糖料等特色作物类保险，以服务“三农”为重点，积极开展农房、小额保险等涉农保险业务，受到农民的普遍欢迎。中央鼓励地方继续开展特色农业、农房等保险业务，并将这些保险纳入保费补贴范围。

二、透明的农业专项资金扶持政策

为加快发展高效外向农业，提高农业产业化水平，促进农业增效、农民增收，鼓励和吸引多元化资本投资开发农业，鼓励投资者兴办农业龙头企业，鼓励科研、教学、推广单位到项目县基地实施重大技术推广项目，国家或有关部门对这些项目下拨专门指定用途或特殊用途的专项资金予以补助。这些专项资金都会要求进行单独核算，专款专用，不能挪作他用。补助的专项资金视项目承担的主体情况，分别采取直接补贴、定额补助、贷款贴息以及奖励等多种扶持方式。

（1）专项资金补助类型。高效设施农业专项资金，重点补助新建、扩建高效农产品规模基地设施建设。

农业产业化龙头企业发展专项资金，重点补助农业产业化龙头企业及产业化扶贫龙头企业，对于扩大基地规模、实施技术改造、提高加工能力和水平给予适当奖励。

外向型农业专项资金，重点补助新建、扩建出口农产品基地建设及出口农产品品牌培育。

农业三项工程资金，包括农产品流通、农产品品牌和农业产业化工程的扶持资金，重点是基因库建设。

农产品质量建设资金，重点补助新认定的无公害农产品产地、全程质量控制项目及无公害农产品、绿色、有机食品获证奖励。

农民专业合作组织发展资金，重点补助“四有”农民专业合作经济组织，即依据有关规定注册，具有符合“民办、民管、民享”原则的农民合作组织章程；有比较规范的财务管理制度，符合民主管理决策等规范要求；有比较健全的服务网络，能有效地为合作组织成员提供农业专业服务；合作组织成员原则上不少于100户，同时具有一定产业基础。鼓励他们扩大生产规模、提高农产品初加工能力等。

海洋渔业开发资金，重点补助特色高效海洋渔业开发。

丘陵山区农业开发资金，重点补助丘陵地区农业结构调整和基础设施建设。

(2) 补助对象、政策及标准。按照“谁投资、谁建设、谁服务，财政资金就补助谁”的原则，江苏省省级高效外向农业项目资金的补助对象主要有种养业大户、农业产业化重点龙头企业、农产品加工流通企业、农产品出口企业、农民专业合作经济组织和农产品行业协会等市场主体，以及农业科研、教学和推广单位。

为了推动养猪业的规模化产业化发展，中央财政对于养殖大户实施投资专项补助政策。主要包括：年出栏300~499头的养殖场，每个场中央补助投资10万元；年出栏500~999头的养殖场，每个场中央补助投资25万元；年出栏1 000~1 999头的养殖场，每个场中央补助投资50万元；年出栏2 000~2 999头的养殖场，每个场中央补助投资70万元；年出栏3 000头以上的养殖场，每个场中央补助投资80万元。为加快转变畜禽养殖方式，还对规模养殖实行“以奖代补”，落实规模养殖用地政策，继续实行对畜禽养殖业的各项补贴政策。

三、税收优惠政策

对于独立的农村生产经营组织，可以享受国家现有的支持农业发展的税收优惠政策。《中华人民共和国农民专业合作社法》第五十二条规定，农民专业合作社享受国家规定的对农业生产、加工、流通、服务和其他涉农经济活动相应的税收优惠。支持农民专业合作社发展的其他税收优惠政策，由国务院规定。

第六节　养殖补贴

一、能繁母猪补贴

为了扶持生猪生产，国家于 2007 年建立能繁母猪补贴制度。国家按每头 50 元的补贴标准，对饲养能繁母猪的养殖户（场）给予补贴。

二、奶牛养殖补贴

（1）对奶牛实行良种补贴。对使用优质精液进行品种改良的养殖者给予补助，价格在 15 ~60 元的优质奶牛冷冻精液每只补贴 10 元。

（2）建立后备母牛补贴制度。对享受奶牛良种补贴后的优质后备母牛给予一次性补贴，每头补贴 500 元。

（3）将牧业机械和挤奶机械纳入财政农机具购置补贴范围。

（4）建立奶牛重大疫病防治和扑杀政策。将患布氏杆菌病、结核病而强制扑杀的奶牛，列入畜禽疫病扑杀补贴范围。

（5）建立奶牛政策性保险制度。国家对参保奶农给予一定的保费补贴。

（6）支持建设标准化奶牛养殖小区。国家对养殖小区（场）的水电路、粪污处理、防疫、挤奶设施及饲草料基地建设等给予适当补助。

（7）加强对奶牛养殖农户的信贷支持。金融机构对奶牛养殖农户、奶农合作社等要给予信贷支持，开发适应奶业发展需要的金融产品，搞好金融服务；地方人民政府要给予适当的贴息补助。

第七节 农产品价格政策

一、主要粮食品种最低收购价政策

实行粮食最低收购价政策，是国家调节粮食供求关系的重要手段，也是促进农民种粮的有效政策。2004 年以来，国家不断完善粮食最低收购价政策，并逐步提高小麦、稻谷的最低收购价，扩大了收购范围，合理安排收购时间，促进了粮食市场的稳定，保护了农民利益，保障了国家粮食安全。

为进一步加大对种粮农民的支持力度，保护农民种粮积极性，促进粮食生产发展，国家继续在稻谷主产区实行最低收购价政策。

据了解，当前大豆、玉米临时收储价格提高到 2.0 元/斤、0.99 元/斤（1 斤 =500 克。全书同）左右，中央储备补库粳稻价格 1.40 元/斤、籼稻价格 1.30 元/斤，2012 年小麦最低收购价提高到 1.02 元/斤。初步测算，由于 2011 年收购价格提高，促进农民增收约 300 亿元。

提高小麦、稻谷最低收购价，有利于补偿粮食生产因农资价格上升而增加的成本，促进农民种粮收益稳步增长，确保粮食生产稳定发展。

二、玉米、大豆、油菜籽的临时收储

实行临时收储政策，是国家调控玉米、大豆、油菜籽等农

产品市场的重要手段。2008 年以来，针对部分农产品出现的价格下跌及卖难现象，国家适时出台了玉米、大豆、油菜籽等临时收储政策，支持企业积极参与收储，健全国家收储农产品的拍卖机制，解决了部分农产品的销售问题，增加了农民收入，促进了农产品生产的稳定和市场稳定。

2010 年，继续实施大豆、玉米临时收储政策，让广大农民吃了一颗“定心丸”；对农民愿意交售的粮食不限收、不拒收，实行敞开收购，有利于稳定社会预期，引导农民均衡有序售粮；保持临时收储价格基本稳定，对大豆和玉米市场价格提供了底部支撑；通过财政适当补贴等方式鼓励多元主体入市收购，减轻了政府的收储压力，也为企业收购和生产创造了条件。

第八节　其他相关政策

（一）家电下乡补贴

家电下乡补贴政策于 2007 年 12 月在山东、河南、四川开始试点，2008 年 12 月 1 日扩大到 12 个省、自治区、直辖市，2009 年 2 月 1 日推广到全国。这是改善农民生活条件、带动工业生产、促进消费拉动内需的一项重要举措。

家电下乡补贴政策在各地区实施的时间统一暂定为 4 年。对农民购买纳入补贴范围的家电产品，国家给予产品销售价格 13% 的财政补贴。享受补贴的每类家电下乡产品每户农民限购两 2 台（件）。补贴产品种类包括彩电、冰箱（含冰柜）、洗衣机、手机、电脑、热水器（含储水式电热水器、燃气热水器、太阳能热水器）、空调、微波炉、电磁炉等 9 大类产品。补贴兑付根据各地实际可采取农民申领、乡镇财政所审核兑付等不同方式。

近年来，国家进一步加大了家电下乡实施力度：

1. 大幅度提高家电下乡产品最高限价。彩电、手机最高限价提高1倍，冰箱等7类产品最高限价提高25%～75%，对现行限价内的产品继续实行13%的补贴标准，超出限价的实行定额补贴。

2. 大幅度增加家电下乡产品种类。向社会公示新一轮家电下乡产品招标结果，新增产品型号近万种。各地还可以根据本地实际增选一个品种纳入补贴范围。

3. 扩大家电下乡产品补贴对象。从2010年1月1日起将补贴对象扩大到国有农林场（区）职工。

家电下乡补贴政策顺应农民消费升级的趋势，运用财政、贸易政策引导和组织工商联手，开发、生产适合农村消费特点、性能可靠、质量保证、物美价廉的家电产品，并提供满足农民需求的流通和售后服务，有力拉动了农村消费需求，提高了农民生活质量，促进了农村生产和流通服务体系建设，推动了社会主义新农村建设。

（二）支持农民建房

按照中央一号文件的要求，国家将把支持农民建房作为扩大内需的重大举措，通过安排国家预算内固定资产投资，鼓励、引导、支持农民依法依规建设自有住房。

扩大农村危房改造试点。为解决好农村困难群众住房问题，进一步加强农村防灾减灾能力建设，国家从2009年开始实施中央扩大农村危房改造试点项目。补助对象是居住在危房中的分散供养五保户、低保户和其他农村贫困农户。资金以农民自筹为主，中央和地方政府补助为辅，并通过银行信贷和社会捐赠等多渠道筹集。

第十一章　新型职业农民综合知识

第一节　农业生产用地的流转

农业生产用地的流转主要是指土地承包经营权流转，即通过承包取得的土地承包经营权可以依法采取转包、出租、互换、转让或者其他方式流转。农业经营者要扩大土地的经营，可以利用其他农户转包、出租、互换、转让或者其他方式流转取得土地。国家保护承包方依法、自愿、有偿地进行土地承包经营权流转。转包期限视承包合同而定。耕地的承包期为30年；草地的承包期为30～50年；林地的承包期为30～70年；特殊林木的林地承包期，经国务院林业行政主管部门批准可以延长。

一、农村土地流转相关规定

鉴于土地的特殊性，我国建立了一套严谨的农业生产用地流转制度。

(1) 土地承包经营权流转主体。农村土地承包法第34条规定，土地承包经营权流转的主体是承包方。承包方有权自主决定土地承包经营权是否流转和流转的方式。即土地承包经营权的流转必须建立在农户自愿的基础上，在承包期内，农户对承包的土地有自主的使用权、收益权和流转权。任何组织和个人不得强迫农户流转土地，也不得阻碍农户依法流转土地。

（2）土地承包经营权流转的费用与收益。土地承包法第36条规定，土地承包经营权流转的转包费、租金、转让费等，应当由当事人双方协商确定。流转的收益归承包方所有，任何组织和个人不得擅自截留、扣缴。

（3）以其他方式将农村土地发包给本经济组织以外的单位和个人的程序。农村土地承包法第48条规定，发包方将农村土地发包给本集体经济组织以外的单位或者个人承包，应当事先经本集体经济组织成员的村民会议2/3以上成员或者2/3以上村民代表的同意，并报乡（镇）人民政府批准。由本集体经济组织以外的单位或者个人承包的，应当对承包方的资信情况和经营能力进行审查后，再签订承包合同。

二、土地流转的主要程序

土地流转的主要程序有：

（1）承租方与农户在双方自愿的基础上，协商确定土地承包经营权流转的方式、期限和具体条件。

（2）农户向村提出流转要求，经村委会备案后报乡镇人民政府农村土地承包管理部门（农经站）。

（3）乡镇人民政府农村土地承包管理部门（农经站）在对承租人的实力和资信情况进行审查的基础上，指导流转双方按协商一致的原则签订流转合同，使用统一格式的农村土地流转合同文本。如发现流转双方有违反法律法规的约定，要及时予以纠正。流转合同一式四份，流转双方各执一份，发包方和乡镇人民政府农村土地承包管理部门（农经站）各执一份。

农村土地承包经营权流转合同应包括：双方当事人的姓名、住所；流转土地的四至、坐落、面积、质量等级；流转的期限和起止日期；流转方式、流转土地的用途；双方当事人的权利和义务；流转价款及支付方式；流转合同到期后地上附着物及相关设施的处理；违约责任。

（4）乡镇农村土地承包管理部门（农经站）应及时对土地流转情况进行登记，并将有关合同及文本资料进行归档保管。

（5）对流转面积在200亩以上的要报县农业主管部门备案。

三、农村土地流转应注意的问题

为了更好地进行农业生产用地的流转，农业生产经营者应注意以下几个关键问题。

（1）平等协商，自愿有偿。土地承包使用权的流转，必须是承包农户完全自愿，不允许违背农民意愿强行要求流转或者阻碍流转；土地转让的期限、数量、补偿办法、定购任务和承包费的处理等具体问题，要由流转农户之间协商确定。

（2）流转期限不得超过承包合同规定的承包期限。

（3）经发包方备案或同意，并坚持土地集体所有和不改变土地农业用途。

（4）在同等条件下，本集体经济组织成员享有优先权。

第二节　农业信贷资金的申办

通过金融机构取得信贷资金，是农业经营者发展经济、脱贫致富的重要筹资渠道。从我国现有金融机构格局来看，直接支持农村经济发展的金融机构主要有农业发展银行、农业银行和农村信用社，而直接对农村家庭承包户发放信贷资金的主要是农村信用社。农业信贷资金的取得需要有一系列的手续，具体内容如下。

一、农业生产经营资金的一般申办要求

（一）合理选择贷款种类

农业银行和信用社为农民开办的贷款种类主要有：生产周转贷款、生产设备贷款、预购定金贷款、开发性贷款、生活贷款、抵押担保贷款等。如从事种养殖、加工、销售、运输、服务、娱乐等所需资金，可申请生产周转贷款；购买牲畜、农机具、建畜禽圈舍、烤烟房等所需资金，可申请1~3年期生产设备贷款。

（二）申办过程和要求

向农业银行或农村信用社提交贷款申请书。

贷款申请书要写明：贷款用途、贷款金额、还款来源、还款时间、担保单位或担保人、抵押品名称、银行存款账号、家庭住址、营业地址、借款人身份证号码等内容，并按规定开立存款账户。

要求：贷款者必须有一定数量的自有资金和可靠的还款资金来源，所生产和经营品种必须符合国家政策规定，产品符合社会需要，有产销或承包合同，经营效益好，遵守《贷款通则》，接受银行信贷部门的检查监督，贷款专款专用，讲信用；种养业大户、开发性项目等贷款户，还需要具备有一定经济实力的单位或个人担保，或者以其财产、有价证券等进行抵押。

银行或信用社再进行贷款调查、论证、审查。

对符合贷款条件者，发给贷款借据。

签订借款合同或抵押担保合同。

办理借款。

二、农村小额信贷资金的申办

农户小额信用贷款是指农村信用社基于农户信誉，在核定的额度和期限内向农户发放的不需抵押、担保的贷款。

（一）小额信贷资金的申办条件与要求

小额贷款对象。具体包括种养大户、订单农业户、进城务工经商户、小型加工户、运输户、农产品流通户和其他与“三农”有关的城乡个体经营户。

小额贷款用途。支持农业及有利于提高农民收入的各产业发展。

小额贷款额度。因地制宜地确定不同地区农村小额贷款额度。原则上，发达地区可提高到 10 万 ~30 万元，欠发达地区可提高到 1 万 ~5 万元，只要能够还本付息，及时收回就可以。

小额贷款期限。小额贷款期限要与小额贷款项目的生产周期相匹配，可以跨年度。

小额贷款利率。利率根据项目风险程度、借款人信用状况以及贷款实际情况来确定，灵活掌握，但必须要符合国家有关利率政策。

小额贷款办理。农村信用社及所有银行业金融机构，都可以到农村去发放小额贷款。

（二）小额信贷资金的申办程序

向当地农村信用社申请办理《贷款证》。

农村信用社接到申请后会对申请者的信用等级进行评定，并根据评定的信用等级，核定相应等级的信用贷款限额，并颁发《贷款证》。

农户需要小额信用贷款时，可以持《贷款证》及有效身份证件，直接到农村信用社申请办理。

农村信用社在接到贷款申请后，对贷款用途及额度进行审核。

审核合格即可发放贷款。

需要注意的是，按照现行规定，只有种植业、养殖业等农业生产费用贷款，农机具贷款，围绕农业产前、产中、产后服务贷款及购置生活用品、建房、治病、子女上学等消费类贷款才可以使用农户小额信用贷款的方式。农户在申请贷款时应注意检查《贷款证》上所注明的额度，在规定的范围内进行申请。

第三节　农业经营中所需劳动力的利用方法

一、雇用劳动力

农业经营者聘请本地农村劳动力完成农业生产经营活动，在我国农业经营大户中已经非常普遍。除本地劳动力外，现代农业的经营者已经开始跨省市雇用农业劳动力，如我国新疆在棉花收获季节，雇用大量外省农民采摘棉花。又如，我国的东南沿海地区，由于大量劳动力从事非农产业，来自中西部的农民在一定程度上承担了当地农业的生产劳动。在我国黑龙江、吉林、云南、海南等地都有大量的外来农民在现代的农场中从事农业劳动。

二、与高校、科研机构合作

与高校以及科研机构合作，不但使农业科研成果迅速转化为生产力，促进农业生产的不断发展，而且使农业生产项目获得技术支持，这也间接地为农业经营者提供了具备相当技术含量的劳动力支持。

农业经营者通过社会招聘等方式吸引大专院校和中等职业学校毕业生以及具备相关知识的人才参与生产和经营活动，这在我国很多地区的农业经营中已不少见。进入21世纪，我国对于大学生到农村就业出台了一系列的优惠和鼓励措施，这为农业经营管理者聘请知识人才创造了更为有利的条件。

三、开发和组织农村女性劳动力

由于我国农业机械化水平的提高，专业分工的深化等在一定程度上减轻了农业劳动的强度，使农业劳动已经可以完全由妇女承担。广大妇女通过培训掌握了现代农业生产知识技能，又通过专业协作解决了各个生产环节的难题，通过专业合作组织解决了农产品经营方面的各种问题，这就为发挥妇女劳动力从事农业创造了良好的条件。

第四节　新技术在农业中的应用

一、计算机在农业中的应用

计算机在世界各国农业生产上应用经济效益最明显的是：畜牧业中的饲料配方管理和园艺蔬菜的温室大棚栽培环境自动控制。计算机在种质资源数据库的信息贮存、病虫害预测预报流程的数据库管理系统、土壤普查和测土配方施肥、产量的预测预报、农业数学模型和系统的建立等方面都取得很大成功。

（一）土壤调查和指导施肥

土壤调查。利用计算机自动识别分类和制图系统，较完整地建立土壤信息系统，通过计算机网络贮存各种数据资料，实现有计划地控制土壤生产力和作物生产因子的优化组合，以获得最佳的产量目标。

指导施肥。利用土壤普查结果、自然气候状况、生态环境条件、土壤理化性状、有效养分含量及种植业结构布局等基础资料，计算机可以合理地确定某地的肥料种类、比例、需要量等，为当地生产、施用和分配化肥提供科学可靠的依据。

（二）种植业生产和作物栽培

主要是利用计算机进行作物生产模拟研究。沈阳农业大学、北京农业大学等引入 CERES-MAIZE 模型，分别建立了“高产玉米生产管理决策支持系统”和“玉米生长发育的 MZSIM 模拟模型”。

（三）种质资源和遗传育种

利用计算机贮存和检索大量种质资源信息，通过微机中心与各地联网后可在全国乃至全世界随时向中心输入数据和索取所需信息。

（四）病虫害预测预报

美、英、日本等国利用计算机在水稻、麦类、棉花及多种果树等病虫害预报方面，获得理想效果。原北京农业大学对小麦条锈病，上海对棉花红铃虫、玉米螟等，江西对水稻螟虫，河南对玉米小叶斑病等的研究和测报，都为作物生产做出了很大贡献。

（五）经济管理

计算机在财务管理、产品运输、销售及产量预测方面应用较普遍。

二、系统工程在农业中的应用

系统工程对解决农业整体性、系统性的问题方面具有独特优势。

（一）制订农业综合发展规划

系统工程可以从各地实际情况出发，确定各自的最优方案，因地制宜地提出农业现代化的最佳模式。中国农业科学院农业经济研究所提供建立中国种植业发展结构模型就是一例。

世界各国都在运用系统工程改进本国农业计划和长远规划，全面调查农业资源，合理进行产业结构调整，制定各自的农业综合规划。

（二）防治病虫害

美国早在20世纪70年代已设计了棉铃虫种群动态的系统模拟模型和微机编制程度软件，为人们选择最优的防治对策提供科学依据。荷兰于1976年提出了全国果树园艺场的果树红叶螨综合防治方案，取得理想的防治效果。我国陕西省农业科学院对生物防治进行深入研究，提出了“招瓢控蚜”新技术，有效地控制了棉蚜的发生和危害。

三、生物工程技术在农业中的应用

生物工程是利用诸如基因重组、细胞融合、固定化酶、固定化细胞和生物反应器等技术，对生物系统加以调控、加工，从而进行物质生产的综合性科学技术。它主要包括基因工程、细胞工程、酶工程和发酵工程等4个方面，已不同程度地应用在农业上。目前，国内外应用生物工程技术比较多的是水稻、小麦、玉米，棉花和油料作物，蔬菜，水果，木材等五大类。

（一）植物抗病毒

由植物的病毒病引起的草莓品种退化问题、马铃薯的退化、小麦黄矮病等，可以用基因工程来解决。

（二）虫害防治

现在使用了一种生物防治办法——苏云金杆菌喷施农作物。这种菌体内带有苏云金杆菌毒蛋白，害虫感染了这种菌后，由于虫体内没有分解这种毒蛋白的酶，而被毒死。目前，正在研究将细菌体内编码这种毒蛋白的遗传物质用基因工程的办法取出来，再移到植物里面去，植物体内便产生出细菌的毒蛋白，由于害虫消化不了这种植物的叶片，从而不吃这种叶片，达到保护植物的目的。

（三）清除杂质

生物工程可以使植物产生抗除草剂的作用，这给农业带来很大好处，小麦、水稻、番茄都可以成为抗除草剂转基因植物，既节省劳力，又提高产量。

（四）提高水果的保鲜度

水果成熟时，产生许多乙烯，乙烯诱导很多基因表达，其中一点就是水果的细胞壁分解，导致水果变软。现在，通过基因工程，将导致细胞壁分解的基因破坏掉，使水果不产生乙烯，这样的番茄成熟后，一直可挂在植株上 3 个月而不变软。这样大大方便了水果的运输，到市场后，加入一点儿乙烯，水果很快会变软。

四、核技术在农业中的应用

核技术是放射性同位素示踪原子和射线应用技术的统称。

核技术在农业上的应用，大体有两个方面：

（一）核辐射的应用

应用辐射处理生物，低剂量可刺激生物增产，这在养殖业方面应用效果显著，如提高蚕茧产量和改善蚕丝品质，有助于提高鱼、虾的孵化率，增加幼苗体重等。在防治有害昆虫方面，较高剂量照射虫体、蛹等，可造成不育，形成绝种的效果。更高剂量可直接杀死病原微生物和各种害虫。

（二）同位素示踪技术的应用

同位素示踪法在农业环境保护研究方面以及植物保护、防治病虫上，已得到十分广泛的应用。如监测“三废”污染，摸清病、虫发生危害的规律，都已取得明显的成效。

五、遥感技术在农业中的应用

遥感技术是20世纪60年代发展起来的一项新兴的、综合性的探测技术它在农业上主要应用在以下方面。

（一）土壤调查

地球资源卫星可为人类监测土地、森林资源、土壤性状其动态变化。如美国利用遥感技术测知土壤水分变化，用于指导合理灌溉和排水；泰国、巴西从卫星图像获悉，本国的热带森林已遭到严重破坏；我国发现东北大片森林的砍伐速度十分惊人。这些信息的获得，对合理开发和保护利用资源提供了有益的帮助。

（二）植物资源和作物产量估测

各国已能通过遥感技术获取作物生育的各种图像信息，判断作物生长好坏，并估测产量情况。作物遥感估测产量可分为两大类：一是大面积估产，二是小面积测产。大面积估产在国家或更大范围内进行。小面积作物测产，是通过航片和统计相结合的方法进行。就目前应用来看，对小块作物，多种作物混种等情况下，遥感估产较困难，准确性不高，为了提高估产的准确性，遥感估产还需与常规测产相配合。

（三）对作物病虫监测和灾情判断

大面积流行性病虫害发生常与特定的生态条件有关联。依据卫星图像资料可对诸如小麦锈病、蝗虫及许多森林害虫进行预报。利用红外摄像可通过受害作物的反射光谱出现变异进行鉴别，人们据此推测不同病虫危害状况及其严重程度。目前已广泛用于农作物、牧草、果树及森林病虫害的调查和监测。根据卫星图像和航片上地面图像异常程度，可获得不同状况的受灾程度及其面积等。应用遥感技术对作物病虫害监测可分为以下两方面。

对大面积流行性病虫害的监测。

小范围内对某些作物的受害识别。

六、地膜栽培技术

地膜覆盖栽培的特点是用透明的塑料薄膜把适播农田从地面上封盖起来，造成不同于露地栽培的农田土壤环境，增温保墒，蓄水防旱，保持土壤疏松，在一定程度上起到抑制杂草生长、压碱、促进作物根系发育等作用，从而促进增产和改善品质，提高经济效益。

日本于1956年便在草莓种植上普及了保护地地膜覆盖栽培技术，而后在多种蔬菜和其他大田农作物上广泛使用。美国在覆膜材料的开发研究方面领先各国，在西欧多个发达国家已普遍推广应用光解膜，大大减轻了土壤环境污染，并成功地使用了多功能铺膜机作业，功效高、质量好。

我国在利用地膜栽培植棉、地膜覆盖开发利用盐碱地、改砾田栽培为地膜覆盖栽培等方面取得了很好的效果。在棉花、玉米、水稻、花生、西瓜、甜菜、蔬菜等多种作物上，比较系统地提出了规范化的覆膜栽培模式，为不断提高我国农业生产技术水平作出了重大贡献。

河北省一些干旱地区，在春旱期间为了适时播种花生、棉花，采用刨掩，人工造墒，逐掩浇水、播种、覆土镇压，覆盖地膜、促墒，提墒，使皮棉增产20%～40%，花生增产50%～60%。辽宁省为了解决春季气温低、无霜期短、春旱等不利因素，而在春季土壤化冻时深翻、施肥、覆盖地膜保墒播种，或在底墒不足时人工添墒，抗旱播种，使大面积的花生产量平均增加45%。在一些严重干旱，7～9月雨量不足100毫米的地区，26万亩花生平均亩产217千克，增产率达到132.6%。黑龙江省伊春市历年来由于低温、干旱不能种植花生，采用地膜覆盖栽培获得了亩产花生150千克以上。内蒙古干旱高寒地区，春季气温低，风沙大，雨量少，种植菜、粮、烟、果、花卉等作物受气候影响很大，利用地膜覆盖栽培使大棚内主要栽培的果类蔬菜提早上市2～10天，亩增产30%～70%，露地地膜覆盖的12种蔬菜前期增产（早熟）16.8%～215%，亩增产幅度为24.6%～150%。城镇郊区老菜地土壤盐碱化严重，地膜覆盖可以降低土壤表层盐碱量。地膜覆盖的甜菜亩增产26%～33%，含糖量增加1.2%～1.5%，烟叶每亩增产27.8%，玉米增产32.9%，呼伦贝尔盟扎兰也地膜覆盖翠菊、夜来香等6种花卉，使开花期提早、花枝多、花朵颜色鲜艳。甘肃省河西走廊、陇东泉上、陇南山水地以及干旱的中部地区的地膜覆盖栽培，都表现有保温、保墒、保肥、押制杂草、减轻病虫害、早熟和增产的作用，蔬菜增产30%～70%，瓜类增产30%～50%，皮棉增产30%～40%，烤烟、花生、甜菜等增产50%左右。

七、无土栽培技术

无土栽培是一种不用天然土壤作基质的栽培技术，它是将作物直接栽培在一定装置的营养液中，或者栽培在用沙、砾石、蛭石、珍珠岩、稻壳熏炭、煤、岩棉等非土壤的基质材料做成的栽培床上。

无土栽培的方式很多，根据其栽培床是否使用基质，可将无土栽培分为两大类：基质培和水培。基质培是用固体基质代替土壤做栽培床栽培作物，固体的基质包括天然的沙、砾、草炭、锯木屑和人工基质如岩棉、多种泡沫塑料及纤维等。而水培则是将作物的根系直接置于营养液中，不用基质材料，营养液可以循环利用。根据无土栽培不同的基质种类，不同的栽培床，不同的通气方式和营养液供应方式等，还可以将无土栽培的种类分成多种。

不同的无土栽培方式，由于采用不同的基质，不同的栽培床装置和供液方式，其应用技术和应用效果各不相同，不同的设施装置的一次性投资大小亦不一样。所以，我们在进行无土栽培时，一定要了解不同的无土栽培方式的特点和具体的应用技术，根据不同的作物种类和财力、物力等条件，选用适当的无土栽培方式。

和一般传统的土壤栽培相比较，无土栽培的优越性表现在：无土栽培的作物生长快，产量高；可以生产出清洁卫生、减少污染品质好的产品；能省工、节水、省肥；可避免土壤连作障害及土传性病害；不受地区、土质、环境等条件的限制。

无土栽培作为一门新学科、新技术，具有很多的优越性，然而它既需要一定的设施装置，又需要熟练地掌握其基本技术。因此，在实际应用时，要根据我国的国情，选用装置简单、应用方便、投资少、成本低、应用效果好的无土栽培方式和配套技术，同时还要在增加产量、降低成本、简化装置、提高效益等方面深入研究。

第五节　技术进步对农业经营管理的要求

随着技术进步速度加快，对农业经营管理提出了更高的要求。农业科技管理的核心工作是推广与应用新技术，解决农业生产中的技术问题。农业科技管理要求农业经营管理者做好多方面工作，特别是从农村技术人才、农业技术信息、农业技术引进、农业技术市场、农业技术协作和农业技术项目储备等方面挖掘农业技术进步的潜力。

一、管好农业技术人才

人才是农业科技管理的关键，这是因为人才是科技创新成果的传导者，是农业生产中技术问题的解决者，是农业科技实力的体现。从一定意义上讲，农业科技水平的高低最终取决于农业科技人才的数量、素质和管理方法。

农业科技人才管理有 3 个重点，即人才培养、管理和使用。

1. 农业科技人才的培养

我国农业科技人才的培养有其特殊性，由于农村教育水平、文化条件相对城市还较落后，而农村是农业技术的应用场所，因此农业科技人才的培养要借助外部力量，着力培养本村本地的科技人才，培养方向是能够解决问题的实用技术人才。我国农村在生产实践中总结出不少行之有效的培养实用技术人才的方法，主要有：

(1) 以当地职业学校、技术学校、农业局、就业培训机构等为基地，聘请科研机构和院校专家，以培训班的形式对农民进行中短期培训。

(2) 利用科技下乡形式，请科研机构和院校专家、农村技术能人直接到农村现场向农民传授技术，对农民进行技术指导。

(3) 引进专业技术人员、高校毕业生等技术人才，到农业生产一线进行工作，为农村解决技术难题并带动农村技术人才的成长。

(4) 结对技术扶贫，采用自愿结合的方式，由农村技术员、当地技术能人与扶贫对象结对，定点进行技术辅导。

(5) 利用技术推广活动，在推广技术过程中使农民掌握农业技术、提高技术水平。

(6) 利用广播、电视、文化活动中心，普及农业科技知识。

2. 农业科技人才的管理

针对农业科技人员较为分散、技术水平参差不齐的特点，农业科技人才在管理中要注意集中管理、水平管理和专长管理。集中管理是要把农村技术人才尽可能以各种方式集中起来，以便发挥这些人才的集体优势；水平管理是要提高农业科技人才的技术水平；农业科技人才常常在特定方面拥有技术优势，专长管理就是要了解农业科技人才的专长，以便人尽其才。要想达到这些目的，可以有多种方式，主要有：

(1) 重视农村技术人才的选拔，把那些有专长、有潜力、文化素质较高的农民选拔出来，对他们有针对性地培养，并以他们作为解决农业技术难题、推广农业技术的核心。

（2）对农村技术实用人才实行认证管理，认证包括实用人才资格证书、技术职称等，实行认证管理可以促进农民学习技术，也可以了解农村实用人才的真实水平。

（3）建立农村技术实用人才信息库，了解这些人才的数量、水平和专长，以便及时调动这些人才，使其在农业生产中发挥作用。

（4）建立农民专业技术协会等基层科技服务组织，通过这些组织管理农业科技人才，带动农民学习科学技术，推广科技成果。

3. 农业科技人才的使用

农业科技人才的使用主要有技术攻关、技术推广和技术示范3个方面。技术攻关是围绕农业生产中存在的难题，对农业技术进行集成，通过不断试验探索，寻找解决难题的方法。农业技术推广是对农业新技术、新品种的引进、试验和推介，以促进农业科研成果和实用技术应用于农业生产。技术示范通过应用农业新技术，展示农业新技术的价值，从而促进农业新技术推广和带动其他农民致富。要想搞好这几个方面的工作，对待农村技术人才要做到：

（1）科学技术具有创造性。

（2）把分散的农业科技人才集中起来，建立技术攻关组、技术服务队，充分发挥集体的力量。

（3）有目标、有计划、按项目方式运作，防止农业科技人才盲目地探索。

（4）对有突出贡献的农村技术实用人才进行表彰和奖励，并在培训机会、农业科技推广、项目开发、小额贷款等方面提供优惠。

二、利用农业技术信息

农业技术成果要传达到农业经营者手中必须依赖信息的传播。信息作为农业技术的载体，对农业技术发展有重要影响。当今农业技术成果绝大部分不是通过人对人传播的，而是以信息形式进行收集、储存、加工、发布和传播的。这些成果的最初形式是技术专利、学术论文、技术专著、技术项目、技术资料，这些成果或公开发表、或由专门机构评审和收集，获取技术成果在很大程度上就是获取这些技术信息。基于农业技术信息的重要作用，农业经营管理者必须重视农业技术信息设施和农业技术信息资源的建设。

1. 农业技术信息设施

农业技术信息设施是硬件条件，现代信息系统由计算机、信息网络、应用系统和其他传统媒体组成。计算机是信息化时代的最基本工具。信息网络目前已经发展到由互联网、有线网、无线网、卫星网结合成的一体传输体系，可以随时随地进行信息获取、传递与交流。应用系统是基于计算机开发的应用软件，可以直接应用农业生产，例如作物生长模拟模型、农业专家系统、农业生产实时控制系统、作物遥感估产等。传统媒体包括电视、报纸、杂志，是一些大众化的信息传播工具。目前，我国农业生产信息设施建设的重点放在两个方面：一是把电视、电话、电脑“三电合一”，建设现代信息网络；二是搞好农业生产信息站建设，针对农民需求收集、整理、更新和传播各种信息，特别是农产品信息、农业技术信息和农业政策信息。

2. 信息资源

信息资源是指农业技术的信息内容，它主要体现为数据形式。如果信息资源缺乏，信息设施的功能就无法发挥，因此我国从国家到地方都十分重视信息资源的建设。国家级有代表性的农业数据库有中国农林文献数据库、中国农业文摘数据库、农副产品深加工题录数据库、植物检疫病虫草害名录数据库、农牧渔业科技成果数据库、中国畜牧业综合数据库、全国农业经济统计资料数据库、农产品集市贸易价格行情数据库、农业合作经济数据库等。大部分省市也建成了农业信息资源库，包括农业生物资源、农业环境资源等自然资源信息；农业科学研究数据、农业技术数据等科学技术信息；农产品市场信息、资本信息、政策法规、管理信息等农业社会经济信息。

三、加强农业技术引进

农业技术引进是从外地、外国输入先进的技术成果。引进的技术可以是科研创新成果，也可以是正在应用的技术成果。农业技术引进的基本过程是根据当地农业出现的技术问题选择外地、外国同类农业生产的进行技术，然后在当地进行使用前的开发实验，如果该技术能够适用于当地，则进一步推广应用。由于引进的农业技术是现实存在的，推广、应用这些技术的时间会大大缩短。又由于这些技术成果在外地、外国进行了使用或验证，其技术成效也比较容易判别。

四、进入农业技术市场

随着我国市场经济的逐步发展，农业技术市场正在逐步形成。农业技术市场是一种新型的连接农业技术研发和农业技术需求的纽带，对改变政府主导型的农业技术发展局面有重要意义。在我国很多地方，政府确定农业产业发展的方向，组织引进农业技术，搞农业技术示范园区，进行农业技术推广。在未来，这种政府主导型的技术发展方式将必然性地被市场主导型的技术发展方式所取代。依托市场发展农业技术就是农业经营管理者在遇到技术问题时，通过市场购买相应的农业技术成果。通过市场寻找农业技术可以使供求双方紧密结合，农业技术转让、应用的周期缩短，能够适应当今飞速发展农业技术步伐。

我国农业技术市场的发育从总体上看还处在初级阶段，农业经营管理者对农业技术的市场化运作还比较陌生。为此，农业经营管理者应了解相关知识，尽快进入这一市场。为此，要学习农业技术知识产权制度，深入了解农业技术的商品特性；掌握农业技术市场运作规则，学习通过市场进行农业技术交易的方法；培养自己的农业技术交易人员，加强与农业技术经纪人的合作。

五、搞好农业技术协作

当今农业技术的开发、推广和应用已经不能局限于科研机构或农民孤立地进行，而要把农科教和产学研等多个方面进行衔接、联动。这一联动链条的最终应用端是农民，中间应用端是农业企业和农业经济组织，推广环节是农业教育和农业技术推广组织，研发端是科研机构和农业技术专家。沿着联动链条，从应用端向研发端传递农业发展和市场对农业技术的需求，然后从研发端向应用端传递技术研发和推广项目。这样才能够保证农业技术上、中、下游相关产业间的无缝对接，减少科技资源浪费，及时解决农业技术问题。

农业技术的开发、推广和应用要通过具体项目来实现，农业技术项目同时又作为一种纽带把各方面的力量联系起来。通常做法是确定项目负责人和建设一个技术研发、推广或应用团队，通过资源信息共享和权益分配，把不同学科、不同技术专长、不同行业、不同地区的相关人员或机构组织起来，然后进行分工协作，共同解决技术问题。

农业技术项目运作涉及研发和推广、应用等多个环节。在农业技术研发中，项目过程包括选题、项目论证、研究试验、成果审查等；在项目研发过程中，项目立项是关键，要使项目设计与农业生产需要紧密结合，做到从问题中找研发项目，研发项目必须解决实际问题。在农业技术推广、应用中，项目过程包括前期准备、实施、项目验收等；在这一过程中，项目实施组织是关键，要做到周密计划、责任到人、保证项目质量。

技术协同攻关能够发挥各方面的资源优势，解决一村一乡所不能解决的技术问题，是现代社会对农业技术进步的必然要求。

六、充实农业技术储备

技术项目储备对农业经营管理有重要意义。当今世界的农业发展是持续进行的，今天的新技术很快会被更新的技术所取代，不储备新技术，自己的技术水平必然落伍。技术的应用有一个周期过程，如果总是从技术源头开始，那么新技术应用的时间将很长。社会经济的发展也会带来新问题，对这些问题要有预见，通过技术储备的方法做出提前准备。通过技术储备，还能提高一个地区的技术实力，因为农业技术实力的一个重要方面就是这个地区能够实现技术创新的数量和深度。从这些方面看，农业技术储备十分必要，农业技术也必须走应用一代、储备一代、研发一代的道路。农业技术储备有以下几种方式。

1. 根据地区农业发展战略进行技术储备

这种方式是根据农业发展战略的要求，储备农业产品品种、生产方法、设施条件的技术研究。

2. 跟踪先进技术成果

这种方式是根据当地农业生产所涉及的领域，对这些领域国内外所出现的技术创新成果进行跟踪，以把握农业技术的发展方向，选择适用的农业技术。

3. 开展广泛的农业技术设想

这种方式是发动当地技术人才，针对农业生产中所出现的问题，广泛地进行技术研究和试验，提出技术设想和建议。

4. 通过农业科技项目的申报进行农业技术储备

申报农业科技项目的人员常常对该领域有深刻的理解，他们提出的项目具有前沿性，把这些项目收集起来就可以作为当地的技术储备。

5. 进行技术学习、交流，改善生产技术条件

通过吸纳新知识、新设备，间接地促进当地农村农业技术发展。

农业技术储备最好以科技项目来体现。科技项目是一种完整的技术实施方案，它通常包括以下几种。

（1）农业技术的原理和方法，这是科技创新的源头成果。

（2）当地的实施条件，通常针对当地农业生产所面临的具体问题或发展需要。

（3）项目实施周期，即项目应用农业技术的全部过程。

（4）项目实施效果，即对应用某项农业技术所带领的效益的预测。从这一角度看，科技项目具有实用性和先进性，以此

形式进行农业技术储备是比较有利的。

近年来，我国各地陆续开始进行农业科技项目库的建设，农业科技项目库建设作为技术储备的手段，使农业经营管理者能够方便地寻找自己需要的农业技术。

主要参考文献

1. 农业部农民科技教育培训中心组．生产经营型职业农民培训规范．北京：中国农业出版社， .

2. 吴永明．农民职业教育．北京：高等教育出版社，2014.

3. 周靖华．我们是高级职业农民．西安：陕西科学技术出版社，2014.

4. 辛登豪，彭晓明．新型职业农民素质提升读本．北京：中国农业科学技术出版社，2014.

5. 王玉娟，张照．现代农民工职业道德与素质教育读本．北京：中国言实出版社，2013.

6. 吕文林，孙午生．新型农民素质与礼仪．北京：中国农业出版社，2012.